소버린 AI

AI문고

인공지능 시대입니다. 기계가 인간의 인지를 대신하고, 사물이 인간을 통하지 않고 다른 사물과 직접 커뮤니케이션합니다. 이에 따른 인간 삶과 문명 변화를 정확히 이해·예측·대응하는 것은 이 시대 우리 모두의 과제입니다. AI문고는 인공지능 기술과 환경의 여러 주제를 10가지 키워드로 정리합니다. 관련 개념과 이론, 학계와 산업계의 쟁점, 우리 일상의 변화를 다룹니다. 인간과 기술의 현재, 미래를 세심히 분석합니다.

일러두기

- 인명, 작품명, 저서명, 개념어 등은 한글과 함께 괄호 안에 해당 국가의 원어를 병기했습니다.
- 외래어 표기는 현행 어문규정의 외래어표기법을 따랐습니다.

처음이세요?

전문가세요?

소버린 AI

유지연

대한민국, 서울, 커뮤니케이션북스, 2025

소버린 AI

지은이 유지연
펴낸이 박영률

초판 1쇄 펴낸날 2025년 4월 28일

커뮤니케이션북스(주)
출판 등록 2007년 8월 17일 제313-2007-000166호
02880 서울시 성북구 성북로 5-11
전화(02) 7474 001, 팩스(02) 736 5047
commbooks@commbooks.com
www.commbooks.com

ISBN 979-11-430-0140-5 03500

책값은 뒤표지에 표시되어 있습니다.

차례

AI 주권의 시대

"기술은 중립적이지 않다. 그것은 언제나 특정한 세계관과 권력 구조를 내포한다." - 랭던 위너(Langdon Winner)

인공지능이 국가의 운명을 좌우하는 시대가 도래했다. 디지털 전환을 넘어 AI 전환의 물결 속에서 국가와 사회는 기술 패권과 디지털 식민지 사이에서 역사적 선택의 기로에 서 있다. AI 주권은 단순한 기술적 자립을 넘어 국가의 생존과 번영, 그리고 시민의 자유와 권리를 보장하는 근본적 토대다. 본서는 AI 시대의 국가 전략과 공공가치를 재정립하는 새로운 사상적 틀을 제시한다.

주권의 재발견

21세기 국가 주권의 개념은 급격한 변화를 맞이하고 있다. 전통적인 영토, 군사, 경제적 주권 개념에서 디지털 영역으로 주권의 범위가 확장되면서, 특히 AI 기술은 이러한 변화의 중심에 자리 잡고 있다.

AI 주권(AI Sovereignty)이란 국가가 자국의 디지털 및 AI 시스템에 대한 통제력과 결정권을 유지하는 능력을 의미한다(Franke & Torreblanca, 2021). 이는 단순히 기술적 독립성만을 의미하지 않으며, 국가의 전략적 자율성, 시민의 디지털 권리, 민주적 가치관의 수호, 그리고 지속 가능한 발전을 포괄하는 다차원적 개념이다.

AI 주권의 중요성은 점점 더 명확해지고 있다. 글로벌 기술 패권 경쟁이 심화되는 가운데, AI 기술은 단순한 경제적 자산을 넘어 국가 안보와 전략적 자율성의 핵심 요소로 부상했다. 미국과 중국 간의 기술 패권 경쟁, 유럽연합의 디지털 주권 추구, 그리고 다양한 국가들의 AI 국가 전략 수립은 이러한 현실을 반영한다. 더욱이 AI 기술의 급속한 발전은 사회 전반에 걸친 변혁을 초래하고 있으며, 이는 국가와 사회가 어떻게 이러한 변화를 주도적으로 관리하고 통제할 것인가라는 근본적인 질문을 제기한다.

AI 주권은 또한 국가 간 디지털 격차와 종속성의 문제와도 밀접하게 연관되어 있다. AI 기술과 인프라, 데이터, 인재 등 핵심 자원에 대한 접근과 통제가 소수의 기술 강국과 글로벌 기업에 집중되면서, 많은 국가들, 특히 글로벌 남반구 국가들이 '디지털 식민지'로 전락할 위험에 처해 있다(Kwet, 2019). 이러한 상황에서 AI 주권의 확보는 단순한 경쟁력의 문제를 넘어 국가의 자율성과 시민의 권리를 보장하는 필수적인 조건이 되고 있다.

AI 주권의 다차원적 접근

본서는 AI 주권이라는 복잡하고 다층적인 주제를 체계적으로 탐구하기 위해 10개의 핵심 영역으로 구성되었다. 이러한 구성은 기술적, 경제적, 사회적, 정치적, 그리고 윤리적 차원을 포괄하며, AI 주권의 다양한 측면을 통합적으로 이해할 수 있는 프레임워크를 제공한다.

첫째, 'AI 주권'은 디지털 시대 국가 주권의 재해석과 AI 주권의 중요성을 다룬다. 디지털 · 정보 · 데이터 주권과 구별되는 AI 주권의 개념을 설명하고, 경제적 번영, 사회 문화적 가치, 국가 안보 측면에서 AI 주권이 갖는 전략적 의미를 분석하며, 기술 · 데이터 · 인프라 · 거버넌스 · 인재 등 핵심 구성 요소를 탐구한다.

둘째, 'AI 기술 자립도'는 AI 기술 패권 경쟁 속 자립도의 개념과 측정 방법을 설명한다. 핵심 알고리즘, 컴퓨팅 인프라, 하드웨어, 인적 자원 측면에서 자립도를 평가하고, 국가별 R&D 투자, 민관 협력, 인재 확보, 오픈 소스 활용, 국제 협력 전략을 비교하며, 완전한 자급자족보다 글로벌 혁신 생태계 내 전략적 자율성을 강조한다.

셋째, 'AI 인프라와 자원 주권'은 AI 시대 연산력과 반도체의 전략적 중요성을 강조한다. 슈퍼컴퓨터, GPU 클러스터, 데이터 센터 등 핵심 인프라 구축의 필요성을 설명하고, AI 반도체 자립을 위한 설계 역량, 특화 칩 전략, 오픈 소스 하드웨어 활용 방안을 제시하며, 인프라 주권과 국제 협력 간 균형의 중요성을 논의한다.

넷째, '데이터 주권과 AI 거버넌스'는 데이터를 21세기 새로운 영토로 정의하며 데이터 주권 개념을 설명한다. 국가 안보, 경제적 가치 측면에서 데이터 주권의 필요성을 분석하고, 데이터 거버넌스, 국산화 정책, AI 학습용 데이터 원칙, 공공 데이터 개방을 논의하며, 국경 간 데이터 이동과 AI 주권의 균형점을 모색한다.

다섯째, 'AI 표준화와 규범 형성'은 AI 국제 표준과 규범의 전략적 중요성을 다룬다. 표준화가 기술적 합의를 넘어 국가 간 패권과 가치 경쟁의 장이 됨을 설명하고, 미국 · 유럽 연합 · 중국 · 한국 등 주요국의 AI 표준화 전략을 비교하며, 규범 형성에서의 경쟁과 협력 역학을 분석한다.

여섯째, 'AI 인재 양성과 두뇌 주권'은 AI 시대 인재 확보 경쟁의 지정학적 중요성을 강조한다. 글로벌 AI 인재 전쟁과 두뇌 유출 현상을 분석하고, 교육 과정 개편, 산학 협력, AI 고급 인재 특별 프로그램, 연구 펀딩 확대 방안을 제시하며, 글로벌 인재 유치 전략과 인재의 지속적 성장을 위한 생태계 조성 방안을 논의한다.

일곱째, 'AI 공공재와 디지털 공공성'은 AI 기술의 민주화와 공공 가치 실현을 다룬다. AI의 공공재적 특성과 실제 배제성 문제를 설명하고, 컴퓨팅 자원 · 데이터 · 기술 편향 · 국제적 불균형 발전의 과제를 분석하며, 공공 주도 개방형 AI 모델, 데이터 인프라, 컴퓨팅 자원 구축과 참여적 거버넌스를 통한 AI 민주화 방안을 제시한다.

여덟째, '국가 AI 생태계 전략'은 유기적으로 연결된 AI 생태계 구축의 중요성을 강조한다. 트리플 헬릭스 모델에 기반한 산학연 협력 구조를 설명하고, 스타트업과 대기업의 공생 관계 촉진, 공용 AI 인프라 구축, 규제 샌드박스 활용 방안을 제시하며, 인재 생태계 구축과 두뇌 유출 방지 전략을 논의한다.

아홉째, 'AI 주권과 사회적 가치'는 기술이 사회 방향을 결정하는 힘임을 강조하며 AI의 사회적 영향력을 탐구한다. AI가 경제 주권에 미치는 영향과 디지털 경제 패권 문제를 분석하고, AI 거버넌스와 민주주의 간 관계를 논의하며, AI 시스템의 윤리적 책임과 사회적 신뢰 형성을 위한 가치 중심 접근법을 제시한다.

마지막으로, '글로벌 AI 협력과 동맹'은 AI 주권과 국제 협력 간 역설적 관계를 다룬다. AI 기술의 초국가적 특성과 글로벌 협력의 필연성을 설명하고, 디지털 동맹 형성과 전략적 상호 의존성 구축 방안을 제시하며, 포용적 글로벌 AI 규범 형성과 다중심적 협력 모델을 통한 소버린 AI의 미래 비전을 모색한다.

이러한 구성은 상호 연결된 주제들을 체계적으로 탐구함으로써, AI 주권에 대한 종합적이고 다차원적인 이해를 제공하고자 한다. 각 장은 서로 다른 측면을 다루지만, 궁극적으로는 AI 시대의 국가적 자율성, 전략적 독립성, 그리고 사회적 가치를 보존하고 증진하는 통합된 비전을 향해 수렴한다.

AI 주권의 철학적 기반

AI 주권의 철학적 기반은 기술 결정론에 대한 비판적 성찰에서 출발한다. 기술 결정론은 기술 발전이 사회 변화를 일방적으로 결정한다는 관점으로, 인간과 사회의 주체성과 자율성을 약화시킨다. 이에 반해, AI 주권은 기술과 사회의 상호 구성적 관계를 인정하면서도, 인간과 사회가 기술 발전의 방향과 영향을 주도적으로 형성할 수 있다는 기술적 자율성(technological autonomy)의 가능성을 강조한다(Feenberg, 2010).

또한, AI 주권은 공화주의적 자유(republican freedom) 개념과도 밀접하게 연관된다. 공화주의적 자유란 외부의 자의적 지배나 간섭으로부터의 자유를 의미하며, 이는 개인뿐만 아니라 국가와 사회의 차원에서도 적용될 수 있다(Pettit, 2012). AI 시대에 국가와 사회의 공화주의적 자유는 글로벌 기술 기업이나 기술 강국의 자의적 지배로부터의 독립성을 의미하며, 이는 곧 AI 주권의 핵심적 가치다.

디지털 공공성(digital publicness)의 개념 역시 AI 주권의 중요한 철학적 기반이다. 디지털 공공성은 디지털 환경이 특정 이해관계나 권력에 의해 독점되지 않고, 공공의 이익과 가치를 증진하는 방향으로 구성되어야 한다는 규범적 이상을 의미한다(Couldry & Mejias, 2019). AI 주권은 이러한 디지털 공공성의 가치를 국가와 사회 차원에서 실현하기 위한 조건이자 수단으로 이해될 수 있다.

마지막으로, 기술적 다원주의(technological pluralism)의 가치도 AI 주권의 철학적 토대를 이룬다. 기술적 다원주의는 단일한 기술 발전 경로나 기술 패러다임의 지배를 거부하고, 다양한 기술적 가능성과 대안이 공존할 수 있는 환경을 지지한다(Stirling, 2010). AI 주권은 글로벌 AI 생태계에서 다양한 가치관, 문화적 맥락, 사회적 필요에 기반한 기술적 다양성을 보존하고 증진하는 데 기여할 수 있다.

AI 주권의 기술적 토대

AI 주권의 실현을 위해서는 단순한 개념적 이해를 넘어 구체적인 기술적 토대가 필요하다. 이는 크게 핵심 AI 기술의 자립, 기술 스택의 다양화, 그리고 개방형 혁신 생태계의 구축으로 나눌 수 있다.

핵심 AI 기술의 자립은 기반 알고리즘, 학습 방법론, 추론 엔진 등 AI 시스템의 근간을 이루는 요소들에 대한 독자적 역량 확보를 의미한다. 특히 최근 급부상한 대규모 언어 모델(LLM)과 생성형 AI 분야에서의 기술적 자립은 AI 주권의 핵심 요소로 부각되고 있다(Lee, 2021). 이는 단순히 외국 기술을 모방하거나 따라잡는 것을 넘어, 독자적인 기술적 관점과 혁신 경로를 개발하는 것을 포함한다.

기술 스택의 다양화는 특정 기술이나 플랫폼에 대한 과도한 의존을 줄이고, 다양한 기술적 대안과 선택지를 확보하는 전략이다. 이는 오픈 소스 기술의 적극적 활용, 멀티벤더 전략, 그리고 상호 운용성(interoperability)과 이식성(portability)을 높이는 기술 표준의 채택 등을 통해 실현될 수 있다(Edler et al., 2020). 기술 스택의 다양화는 특히 클라우드 인프라, 반도체, 소프트웨어 플랫폼 등 AI 시스템의 기반 기술에서 중요하다.

개방형 혁신 생태계의 구축은 정부, 기업, 학계, 시민사회가 함께 참여하는 협력적 혁신 모델을 의미한다. 이는 공공 R&D 투자, 산학연 협력 네트워크, 스타트업 생태계 활성화, 그리고 개방형 혁신 플랫폼 등을 통해 구현될 수 있다(Chesborough, 2020). 개방형 혁신 생태계는 한정된 자원과 역량을 가진 국가나 사회가 글로벌 기술 경쟁에서 효과적으로 대응할 수 있는 전략적 접근으로 주목받고 있다.

AI 주권의 정책적 프레임워크

AI 주권을 실현하기 위한 정책적 프레임워크는 크게 네 가지 축으로 구성될 수 있다: 전략적 투자, 규제 프레임워크, 인재 육성, 그리고 국제 협력이다.

전략적 투자는 AI 주권의 물질적 기반을 구축하는 핵심 요소다. 이는 기초 연구부터 응용 개발, 상용화에 이르는 전 주기적 R&D 지원, 핵심 인프라[고성능 컴퓨팅(HPC), 데이터 센터 등]에 대한 투자, 그리고 전략 산업과 국방 분야에서 AI 도입을 촉진하는 공공 조달 정책 등을 포함한다(European Commission, 2020). 특히 장기적 관점의 기초 과학과 원천 기술에 대한 투자는 지속 가능한 AI 주권의 토대를 마련하는 데 필수적이다(Brundage et al., 2020).

규제 프레임워크는 AI 기술의 발전과 활용이 국가의 전략적 이익과 사회적 가치에 부합하도록 보장하는 법적, 제도적 장치다. 이는 데이터 규제(개인 정보 보호, 국가 안보 관련 데이터 통제 등), AI 시스템의 안전성과 신뢰성을 보장하는 인증 제도, 그리고 외국인 투자 심사와 기술 수출 통제 등의 경제 안보 메커니즘을 포함한다. 규제 프레임워크는 혁신을 저해하지 않으면서도 국가와 사회의 핵심 이익을 보호할 수 있는 균형점을 찾는 것이 중요하다(Kim et al., 2024).

인재 육성은 AI 주권의 지속 가능성을 보장하는 핵심 요소다. 이는 초중고 교육에서부터 대학, 대학원 교육, 그리고 평생 학습에 이르는 전 주기적 교육 체계의 혁신, 산업계와 연계된 실무 중심의 인재 양성 프로그램, 그리고 글로벌 인재의 유치와 유출 방지를 위한 제도적 지원을 포함한다. 특히 AI 분야의 고급 인재는 글로벌 경쟁이 치열한 희소 자원으로, 이들을 양성하고 유치하기 위한 전략적 접근이 필요하다(Sharma, 2024).

국제 협력은 AI 주권이 고립주의나 기술 민족주의로 변질되지 않도록 보장하는 균형추다. 이는 가치와 이익을 공유하는 국가들과의 전략적 협력, 국제 표준화 및 규범 형성 과정에 적극적으로 참여하거나, 개발 도상국과의 기술 협력 및 지원 등을 포함한다. 국제 협력은 한정된 자원과 역량을 가진 국가가 효과적으로 AI 주권을 확보할 수 있는 현실적 경로를 제공한다(Roberts et al., 2021).

AI 주권과 미래 사회

AI 주권은 단순한 기술적, 경제적 자립을 넘어 미래 사회의 가치와 제도, 그리고 삶의 방식을 형성하는 근본적인 조건이다. AI 기술이 사회 전반에 미치는 영향력이 증대됨에 따라, AI 시스템의 설계와 운영에 내재된 가치관과 원칙은 사회의 근본 질서와 규범을 형성하게 될 것이다.

첫째, AI 주권은 디지털 민주주의의 기반이다. AI 시스템이 정치적 담론, 여론 형성, 선거 과정 등에 미치는 영향력이 커지는 상황에서, 이러한 시스템에 대한 민주적 통제와 감독은 민주주의의 건전한 작동을 위한 필수 조건이 되고 있다. AI 주권 없이는 알고리즘적 편향, 정보 조작, 디지털 감시 등의 위험으로부터 민주적 과정을 보호하기 어려워진다(Nemitz, 2018).

둘째, AI 주권은 디지털 권리의 보장자다. 프라이버시, 자율성, 표현의 자유 등 기본적 권리가 AI 시스템에 의해 침해될 가능성이 증가하는 가운데, 이를 방지하고 디지털 환경에서의 권리를 보장하기 위해서는 AI 시스템에 대한 자주적 통제력이 필요하다(Cohen, 2019). 특히 감시 자본주의(surveillance capitalism)와 디지털 권위주의(digital authoritarianism)의 위험에 대응하기 위해 AI 주권은 필수적이다 (Zuboff, 2019).

셋째, AI 주권은 문화적 다양성과 정체성의 수호자다. AI 기술이 언어, 예술, 미디어 등 문화적 영역에 깊이 침투함에 따라, 문화적 표현과 창작의 다양성이 위협받을 수 있다. AI 주권은 특정 문화권의 가치와 미학, 언어적 특성을 반영한 AI 시스템의 개발과 활용을 가능케 함으로써, 글로벌 AI 생태계에서의 문화적 동질화에 대응할 수 있다(Ricaurte, 2019).

넷째, AI 주권은 사회 경제적 자율성의 수호자다. AI 기술의 발전이 노동 시장, 산업 구조, 소득 분배 등에 미치는 영향이 커지는 상황에서, 국가와 사회는 이러한 변화를 자신의 필요와 가치에 맞게 관리하고 통제할 수 있어야 한다(Eubanks, 2018). AI 주권 없이는 기술 변화의 혜택이 특정 국가나 집단에 편중되고, 디지털 격차와 불평등이 심화될 위험이 있다(Floridi, 2020).

마지막으로, AI 주권은 미래에 대한 자기 결정권의 핵심이다. AI 기술이 인간의 의사 결정, 사회적 상호 작용, 그리고 미래에 대한 상상력 자체에 영향을 미치는 상황에서, 이러한 기술의 발전 방향과 활용 방식에 대한 자주적 결정권은 한 사회가 자신의 미래를 스스로 설계할 수 있는 능력의 핵심 요소가 되고 있다(Crawford, 2021). AI 주권은 기술의 발전이 가져올 수 있는 다양한 미래 가능성 중에서, 우리가 추구하는 가치와 비전에 부합하는 경로를 선택할 수 있는 자유를 보장한다.

AI 주권을 향한 여정

AI 주권은 하루아침에 달성할 수 있는 목표가 아니라, 지속적인 노력과 투자, 그리고 사회적 합의를 통해 점진적으로 구축해야 할 장기적 프로젝트다. 이는 기술적 역량 강화, 제도적 기반 구축, 인적 자원 개발, 그리고 국제적 위상 확립 등 다양한 차원의 노력이 유기적으로 결합할 때 비로소 실현 가능하다.

AI 주권을 향한 여정에는 다양한 이해관계자 간의 협력과 조정이 필요하다. 정부, 기업, 학계, 시민 사회 등 다양한 주체들이 각자의 역할과 책임을 다하면서도, 공통의 비전과 목표를 향해 협력할 때 AI 주권이 수사적 구호를 넘어 현실이 될 수 있다.

더욱이 AI 주권에는 기술적 독립성과 글로벌 협력 사이의 균형이 필요하다. 극단적인 기술 민족주의나 고립주의는 오히려 AI 발전을 저해하고 국제적 고립을 초래할 위험이 있다. 진정한 AI 주권은 글로벌 기술 생태계에 적극적으로 참여하면서도, 핵심적인 가치와 이익을 지켜나갈 수 있는 전략적 자율성을 의미한다.

마지막으로, AI 주권은 불변의 목표가 아니라 시대와 상황에 따라 그 의미와 내용이 진화하는 동태적 개념이다. 기술 환경, 국제 관계, 사회적 필요와 가치관의 변화에 따라 AI 주권의 의미와 실현 방안도 지속적으로 재정립되어야 한다. 이는 AI 주권을 향한 여정이 결코 완결될 수 없는, 끊임없는 학습과 적응, 혁신의 과정임을 의미한다.

본서가 AI 주권이라는 중대한 과제에 대한 이해를 넓히고, 이를 실현하기 위한 구체적인 방안을 모색하는 데

작은 기여가 되기를 바란다. AI가 가져올 미래는 결코 기술 자체에 의해 결정되지 않으며, 우리의 가치와 선택, 그리고 행동으로 형성될 것이다. AI 주권은 이러한 미래를 우리 스스로 설계하고 구현할 수 있는 능력과 권리를 보장하는 근본적인 조건이다.

참고문헌

Amoore, L.(2020). *Cloud Ethics: Algorithms and the Attributes of Ourselves and Others.* Duke University Press.

Bartlett, J.(2021). *The Sovereignty Strategy: How Governments Can Win the Race for AI Supremacy.* Harvard University Press.

Brundage, M., et al. (2020). Toward Trustworthy AI development: Mechanisms for Supporting Verifiable Claims. https://arxiv.org/abs/2004.07213

Chesborough, H.(2020). *Open Innovation: The New Imperative for Creating and Profiting from Technology.* Harvard Business Review Press.

Cohen, J. E. (2019). *Between Truth and Power: The Legal Constructions of Informational Capitalism.* Oxford University Press.

Couldry, N. & Mejias, U. A.(2019). *The Costs of Connection: How Data is Colonizing Human Life and Appropriating it for Capitalism.* Stanford University Press.

Crawford, K.(2021). *Atlas of AI: Power, Politics, and the Planetary Costs of Artificial Intelligence.* Yale University

Press.

Edler, J., et al.(2020). Technology Sovereignty: From Demand to Concept. Fraunhofer Institute for Systems And Innovation Research Isi.

Eubanks, V.(2018). *Automating Inequality: How High-Tech Tools Profile, Police and Punish the Poor.* St. Martin'S Press.

European Commission.(2020). White Paper on Artificial Intelligence: A European Approach to Excellence and Trust. https://ec.europa.eu/info/sites/default/files/commission-white-paper-artificial-intelligence-feb2020_en.pdf

Feenberg, A.(2010). *Between Reason and Experience: Essays in Technology and Modernity.* MIT Press.

Floridi, L.(2020). The Fight for Digital Sovereignty: What it is, and Why it matters, Especially for The EU. *Philosophy & Technology,* 33(3), pp.369-378.

Franke, U., & Torreblanca, J. I.(2021). Geo-Tech Politics: Why Technology Shapes European Power. European Council on Foreign Relations. https://ecfr.eu/publication/geo-tech-politics-why-technology-shapes-european-power/

Kim, J., et al.(2024). Research on Ai Regulation for Enhancing Competitiveness in the Age of Artificial Intelligence. Korea Development Institute.

Kwet, M.(2019). Digital Colonialism: Us Empire and the New Imperialism in the Global South. *Race & Class,* 60(4), pp.3-26. https://doi.org/10.1177/0306396818823172

Lee, K. F.(2021). AI Superpowers: China, Silicon Valley, and The New World Order. Houghton Mifflin Harcourt.

Nemitz, P.(2018). Constitutional Democracy and Technology in the Age of Artificial Intelligence. Philosophical Transactions of the Royal Society A: Mathematical, *Physical and Engineering Sciences*, 376(2133), https://doi.org/10.1098/rsta.2018.0089

Pettit, P.(2012). *On the People's Terms: A Republican Theory and Model of Democracy*. Cambridge University Press.

Ricaurte, P.(2019). Data Epistemologies, The Coloniality of Power, and Resistance. *Television & New Media*, 20(4), pp.350-365.

Roberts, H., et al.(2021). The Chinese Approach to Artificial Intelligence: An Analysis of Policy, Ethics, and Regulation. *AI & Society*, 36(1), pp.59-77. https://doi.org/10.1007/s00146-020-00992-2

Sharma, R.(2024). AI Talent Strategy. *AI and the Boardroom*. Apress, Berkeley, CA. https://doi.org/10.1007/979-8-8688-0796-1_15

Stirling, A.(2010). Keep it Complex: When Knowledge is Uncertain, Experts should Avoid Pressures to Simplify their Advice. *Nature*, 468(7327), pp.1029-1031.

Zuboff, S.(2019). *The Age of Surveillance Capitalism: The Fight for A Human Future At The New Frontier Of Power*. PublicAffairs.

01
AI 주권

기술을 통제하는 자가 미래를 통제한다. 인공지능 혁명이 전 세계를 변화시키는 오늘날, 국가와 사회의 디지털 운명을 좌우하는 AI 주권 경쟁이 펼쳐지고 있다. 국가의 경제적 번영, 사회적 가치 수호, 국가 안보의 필수 요소로 AI 주권의 확보는 21세기 국제 질서의 핵심으로 부상했다.

AI와 1인 창업?

AI 주권 개념

AI 주권은 디지털 시대의 국가 주권에 관한 논의에서 디지털 주권, 정보 주권, 데이터 주권과 연속선에 있으나, 강조점과 범위에서 중요한 차이가 있다. 디지털 주권(Digital Sovereignty)은 가장 포괄적인 개념으로, 국가가 자국의 디지털 환경과 인프라, 디지털 경제, 관련 정책을 자율적으로 통제하고 결정할 수 있는 능력을 의미한다(Floridi, 2020). 정보 주권(Information Sovereignty)은 국가가 자국 내 정보의 생성, 유통, 접근을 통제할 수 있는 권한에 초점을 맞춘다(Pohle & Thiel, 2020). 데이터 주권(Data Sovereignty)은 국가가 자국 영토 내에서 생성되거나 자국민과 관련한 데이터의 수집, 저장, 처리, 이전에 대한 통제권을 행사하는 능력을 의미한다(Hummel et al., 2021).

이에 비해 AI 주권(AI Sovereignty)은 앞서 언급된 개념들을 포함하면서도, 특별히 인공지능 기술의 개발, 배포, 규제에 대한 국가의 자율성에 초점을 맞춘다. AI 주권은 단순히 데이터나 디지털 인프라에 대한 통제를 넘어, AI 알고리즘, 연구 개발 역량, 인재 확보, AI 윤리와 거버넌스 프레임워크 수립에 이르는 AI 생태계 전반에 걸친 자율성을 추구한다(Roberts et al., 2021).

이러한 개념들은 각기 다른 역사적 맥락과 정책적 관심사를 반영하며 발전해 왔다. 디지털 주권은 2010년대 초반 에드워드 스노든(Edward Snowden)의 미국 국가안보국(NSA) 감시 폭로 이후 특히 유럽 연합을 중심으로 대두되었다(Couture & Toupin, 2019). 정보 주권은 냉전 시대부터 논의되어 온 개념으로, 특히 중국, 러시아와 같은 국가에서 강조되어 왔다(Pohle & Thiel, 2020). 데이터 주권은 빅데이터 시대의 도래와 함께 중요성이 부각되었으며, 유럽 연합의 일반 데이터 보호 규정(GDPR)이 대표적 사례다(Hummel et al., 2021). AI 주권은 가장 최근에 등장한 개념으로, 특히 2022년 이후 생성형 AI의 폭발적 성장과 함께 중요성이 부각되었다(Timmers, 2023).

AI 주권의 의미와 중요성

AI 주권은 단순한 기술적 자립을 넘어 국가의 전략적 자율성(Strategic Autonomy)을 확보하는 핵심 수단으로 부상하고 있다. 조지프 나이(Joseph Nye, 2020)는 AI가 새로운 형태의 '소프트 파워'를 창출하며, AI 역량은 곧 글로벌 영향력으로 직결된다고 지적한다. AI 주권을 확보한 국가는 국제 관계에서 자국의 이익과 가치를 수호할 수 있는 협상력을 갖게 된다.

경제적 측면에서 AI 주권은 국가 경제의 미래 경쟁력과 직결된다. 맥킨지 글로벌 연구소(McKinsey Global Institute, 2023)의 분석에 따르면, AI 기술은 2030년까지 전 세계 GDP에 약 13조 달러의 부가 가치를 창출할 것으로 예상된다. 이러한 경제적 잠재력을 활용하지 못하는 국가는 글로벌 가치 사슬에서 주변화될 위험이 크다.

사회적 · 문화적 측면에서 AI 주권은 사회적 의사 결정, 문화 콘텐츠 생산, 정보 접근 등 다양한 영역에 영향을 미친다. AI 주권이 부재할 경우, 한 사회의 가치 체계와 문화적 특수성이 외부 세력의 기술적 영향력에 종속될 위험이 있다(Zuboff, 2019). 특히 생성형 AI의 등장은 이러한 우려를 더욱 심화시키고 있다(Crawford, 2021).

국가 안보 관점에서 AI 주권은 더욱 결정적인 의미가 있다. AI는 이미 현대 군사 시스템의 필수 요소로 자리잡았으며, 정보 수집과 분석, 사이버 방어, 자율 무기 시스템 등 다양한 국방 영역에서 활용되고 있다(Horowitz, 2023). AI 주권이 부재한 국가는 국방 시스템을 외국 기술에 의존해야 하며, 이는 심각한 안보 취약점으로 작용할 수 있다.

AI 주권의 핵심 구성 요소

AI 주권은 다섯 가지 핵심 구성 요소로 이루어져 있으며, 이들은 서로 유기적으로 연결되어 있다.

AI 기술 주권은 AI 주권의 가장 기본적이면서도 핵심적인 요소로, 국가가 첨단 AI 알고리즘과 모델을 자체적으로 연구, 개발, 활용할 수 있는 역량을 의미한다(Brundage et al., 2018). 특히 기반 모델(Foundation Models)과 같은 핵심 AI 기술에서의 자율성은 AI 기술 주권의 중요한 지표다. 프랑스의 '인간성을 위한 인공지능(AI for Humanity)' 전략, 독일의 '인더스트리 4.0 (Industry 4.0)', 중국의 '차세대 AI 발전 계획(新一代人工智能发展规划)' 등은 각국의 AI 기술 주권 확보 노력을 보여 준다(Wang & Chen, 2023).

데이터 주권은 AI 시스템의 '연료'인 데이터에 대한 통제권을 의미하며, AI 주권의 필수 구성 요소다(Floridi, 2020). 데이터 주권은 데이터 접근성, 데이터 통제권, 데이터 거버넌스라는 세 가지 측면을 포함한다. 유럽연합의 '일반 데이터 보호 규정'과 '유럽 데이터 전략(European Data Strategy)', 중국의 「사이버보안법」과 「데이터보안법」은 데이터 주권 확보를 위한 정책 사례다(Creemers, 2020).

인프라 및 자원 주권은 AI 시스템의 개발, 학습, 배포에 필요한 물리적 기반 시설과 컴퓨팅 자원에 대한 자율적 접근과 통제 능력을 의미한다(Khan, 2020). 반도체 칩, 데이터 센터, 슈퍼컴퓨터, 클라우드 인프라 등에 대한 접근성은 AI 개발 역량의 중요한 결정 요인이다. 유럽연합의 '가이아 엑스(GAIA-X)' 이니셔티브와 「유럽칩스법(European Chips Act)」, 한국의 'K-반도체 전략'은 인프라 주권 확보를 위한 정책 사례다(Khan & Pooley, 2022).

AI 거버넌스와 제도적 주권은 AI 기술의 개발과 활용에 관한 규제, 표준, 윤리적 가이드라인을 자국의 가치와 이해관계에 맞게 수립하고 적용할 수 있는 능력을 의미한다(Butcher & Beridze, 2019). 규제 주권, 표준 주권, 윤리적 주권, 감독 주권이라는 네 가지 측면으로 구성된다. 유럽연합의 「인공지능법(AI Act)」, 중국의 '차세대 AI 거버넌스 원칙', 미국의 'AI 권리 장전을 위한 청사진(Blueprint for an AI Bill of Rights)' 등은 각국의 거버넌스 주권 확보를 위한 노력을 보여 준다(European Commission, 2021).

AI 인재 및 생태계 주권은 AI 기술의 개발, 응용, 확산에 필요한 인적 자원과 산업 생태계를 자국 내에서 육성하고 유지할 수 있는 역량을 의미한다(OECD, 2023). 싱

가포르의 'AI 싱가포르(AI Singapore)' 프로그램, 캐나다의 '범캐나다 AI 전략(Pan-Canadian AI Strategy)', 한국의 'AI 대학원' 설립 등은 AI 인재 확보를 위한 정책 사례다(World Economic Forum, 2023).

AI 주권은 21세기 국제 질서와 국가 경쟁력을 결정짓는 핵심 요소로 부상하고 있다. 완전한 기술 자립을 추구하는 '배타적 주권' 모델과, 특정 영역에서 선택적 주권과 국제 협력을 병행하는 '개방적 주권' 모델 사이의 균형점을 찾는 것이 미래 AI 주권 논의의 핵심이 될 것이다(Timmers, 2023). 중요한 것은 AI 주권이 단순한 기술 민족주의나 디지털 보호주의로 귀결되어서는 안 된다는 점이다. 진정한 AI 주권은 글로벌 협력과 지식 공유를 배제하는 폐쇄적 접근이 아니라, 국제 협력의 장에서 자국의 이익과 가치를 수호하면서 글로벌 AI 발전에 기여할 수 있는 역량을 의미한다(Wang & Chen, 2023).

참고문헌

Bradford, A.(2020). *The Brussels effect: How the European Union rules the world.* Oxford University Press.

Brundage, M., et al.(2018). The malicious use of artificial intelligence: Forecasting, prevention, and mitigation. https://arxiv.org/abs/1802.07228

Butcher, J., & Beridze, I.(2019). What is the state of artificial intelligence governance globally? *The RUSI Journal,* 164(5-6), pp.88-96.

Couture, S., & Toupin, S.(2019). What does the notion of "sovereignty" mean when referring to the digital? *New Media & Society,* 21(10), pp.2305-2322.

Crawford, K.(2021). *Atlas of AI: Power, politics, and the planetary costs of artificial intelligence.* Yale University Press.

Creemers, R.(2020). China's approach to cyber sovereignty. *The SAGE Handbook of Media and Migration.* SAGE Publications, pp.447-457

European Commission(2021). Proposal for a Regulation of the European Parliament and of the Council Laying Down Harmonised Rules on Artificial Intelligence. COM(2021) 206 final.

Floridi, L.(2020). The fight for digital sovereignty: What it is, and why it matters, especially for the EU. *Philosophy & Technology,* 33(3), pp.369-378.

Horowitz, M. C.(2023). Artificial intelligence, military modernization, and strategic stability. *AI and International Stability: Risks and Confidence-Building Measures.* Springer. pp.13-27

Hummel, P., et al.(2021). Data sovereignty: A review. *Big Data & Society,* 8(1), 2053951720982012.

Khan, L. M.(2020). The separation of platforms and commerce. *Columbia Law Review,* 119(4), pp.973-1098.

Khan, L. M., & Pooley, A.(2022). Artificial intelligence and competition policy. *Journal of Competition Law & Economics,* 18(3), pp.732-764.

McKinsey Global Institute.(2023). The economic potential of generative AI: The next productivity frontier. McKinsey & Company.

Nye, J. S.(2020). Power and interdependence with China. *The Washington Quarterly*, 43(1), pp.7–21.

OECD.(2023). Artificial Intelligence and productivity: A new framework. *OECD Science, Technology and Industry Policy Papers*, No. 121, OECD Publishing.

Pohle, J., & Thiel, T.(2020). Digital sovereignty. *Internet Policy Review*, 9(4), pp.1–19.

Roberts, H., et al.(2021). The Chinese approach to artificial intelligence: An analysis of policy, ethics, and regulation. *AI & Society*, 36(1), pp.59–77.

Timmers, P.(2023). Generative AI and strategic autonomy. *Nature Machine Intelligence*, 5(7), pp.635–636.

Wang, P., & Chen, B.(2023). Sovereign AI: National strategies for artificial intelligence. China Aerospace Studies Institute.

World Economic Forum.(2023). Global AI Action Alliance: Shaping the future of AI governance. World Economic Forum.

Zuboff, S.(2019). *The age of surveillance capitalism: The fight for a human future at the new frontier of power.* Profile Books.

02
AI 기술 자립도

기술을 통제하는 자가 미래를 통제한다. 강대국 간 AI 기술 패권 경쟁이 심화되는 가운데, 각국은 고유한 AI 기술 자립도 확보 전략을 모색하고 있다. 스스로 기술을 개발하고 통제할 수 있는 능력은 단순한 경제 문제를 넘어 국가 안보와 주권의 핵심 요소로 부상하고 있다.

AI와 MBTI?

AI 기술 자립도의 개념과 측정

AI 기술 자립도는 한 국가가 외부 의존 없이 인공지능 기술을 독자적으로 개발하고 활용할 수 있는 역량을 의미한다. 이는 단순한 기술적 독립성을 넘어 전략적 자율성의 핵심 요소로, 국가 안보와 경제적 경쟁력에 직결된다(POLITICO Research, 2024). 유럽 연합 경쟁 정책 담당 집행 위원 마르그레테 베스타게르 한센(Margrethe Vestager Hansen, 2023)이 "기술 주권은 단순한 자급자족이 아니라, 글로벌 가치 사슬 속에서 자국의 운명을 결정할 수 있는 능력이다"라고 언급한 것처럼, AI 기술 자립도는 글로벌 기술 생태계 속에서 자국의 위치를 결정하는 핵심 요소다.

AI 기술 자립도는 크게 네 가지 핵심 영역에서 측정된다. 첫째, 핵심 알고리즘 및 모델 개발 역량이다. 대규모 언어 모델(LLM) 분야에서 미국이 전 세계 상위권 모델의 73%를 보유한 반면, 중국은 15%에 불과하다는 통계는 이 영역의 자립도 차이를 단적으로 보여 준다(Brookings Institution, 2023). 둘째, 컴퓨팅 인프라 보유 수준이다. TOP500 슈퍼컴퓨터 보유 수, 국가 AI 데이터 센터 규모, 고성능 GPU 접근성 등이 평가 지표가 된다(Anderson et al., 2023). 셋째, 하드웨어 자급 능력이다. AI 가속기, 특수 반도체 등 핵심 하드웨어를 설계하고 제조할 수 있는 역량은 기술 자립의 물리적 기반이다. 한국의 경우 메모리 반도체는 강하지만 AI 특화 칩 설계 역량은 상대적으로 취약한 것으로 평가된다(Kim et al., 2023). 넷째, 인적 자원과 생태계의 자생력이다. 핵심 AI 인재의 국제 유출입 비율, 자국 AI 특허 및 논문 수, 스타트업 생태계 활성화 정도 등이 구체적 측정 지표로 활용된다(TechRepublic, 2023).

현재 미국은 거의 모든 영역에서 가장 높은 자립도를 보이고 있으며, 중국이 빠르게 추격하는 구도다. 유럽연합, 영국, 일본, 한국 등은 특정 분야에서 강점을 가지고 있지만, 전반적인 자립도 측면에서는 미중에 비해 격차가 있는 것으로 평가된다(Brookings Institution, 2023).

AI 기술 자립도 제고를 위한 국가 전략

AI 기술 자립도를 높이기 위해서는 체계적인 국가 전략이 필요하다. 첫째, 연구 개발(R&D) 투자의 집중과 선택이다. 모든 AI 기술을 자체 개발하는 것은 현실적으로 불가능하므로, 자국의 강점 분야나 전략적 중요도가 높은 영역에 자원을 집중해야 한다. 한국의 경우, 기존 반도체 강점을 활용한 AI 가속기 개발이나, 한국어 특화 언어 모델 같은 틈새시장 공략이 효과적인 전략이 될 수 있다 (Korea Economic Institute, 2024).

둘째, 민관 협력 체계 구축이다. 정부는 기초 연구와 인프라에 투자하고, 민간은 이를 바탕으로 혁신과 상용화를 주도하는 역할 분담이 중요하다. 미국의 「칩스법(CHIPS Act)」, 한국의 K-반도체 전략 등은 이러한 민관 협력의 대표적 사례다(Kim et al., 2023). 특히 한국 정부는 2027년까지 약 69억 달러를 AI 반도체 육성에 투자함으로써, 자립도 향상을 위한 정책적 의지를 보였다.

셋째, 인적 자원 확보 전략이다. 세계적 수준의 AI 인재를 양성하고 해외 인재를 유치하는 것은 기술 자립의 핵심이다. 두뇌 유출(brain drain)을 방지하고, 해외 전문가들이 현지에서 연구할 수 있는 매력적인 환경을 조성해야 한다(Brookings Institution, 2023).

넷째, 오픈 소스 전략적 활용이다. 완전한 자급자족보다는 글로벌 오픈 소스 생태계를 전략적으로 활용하는 것이 효율적인 자립도 제고 방안이 될 수 있다. 세계적인 오픈 소스 AI 프로젝트에 적극 참여하고, 이를 자국 환경에 맞게 최적화하는 방식이다. 이는 특히 중소 국가나 후발 주자에게 유용한 전략이다(Third Way, 2023).

다섯째, 국제 협력과 동맹 강화다. 모든 기술을 자국 내에서 해결하기보다, 가치를 공유하는 동맹국과의 기술 협력을 통해 집단적 자립도를 높이는 접근법이다. 예를 들어 한국은 미국 주도의 '칩4' 동맹에 참여하여 반도체 공급망의 안정성을 확보하고 기술 협력의 기회를 얻고 있다(CEPA, 2023).

자주적 AI 핵심 기술 확보 방안

AI 자립도 향상을 위해 최우선 확보해야 할 핵심 기술 영역과 그 방안은 다음과 같다.

첫째, 대규모 AI 모델의 자체 개발 역량이다. 한국의 네이버가 개발한 하이퍼클로바X(HyperCLOVA X)는 챗GPT 대비 6500배 이상의 한국어 데이터를 학습한 사례로, 현지화된 자체 모델 개발의 중요성을 잘 보여 준다(Korea Economic Institute, 2024).

둘째, AI 반도체 설계 및 제조 기술이다. 한국의 사피온(SAPEON)과 리벨리온스(Rebellions)의 합병은 국내 AI 반도체 생태계 강화를 위한 중요한 움직임이다. 특히 초기 단계에서는, 완전한 GPU 대체보다 특화된 영역(예: 추론 가속기)에 집중하는 것이 현실적인 전략이다(KED Global, 2024).

셋째, 컴퓨팅 인프라 구축 기술이다. 한국은 1만 개 이상의 GPU를 갖춘 국가 AI 데이터 센터 구축을 통해 이 영역의 자립도를 높이려 하고 있다(Choi, 2025).

넷째, AI 소프트웨어 스택의 현지화이다. 중국의 바이두가 패들패들(PaddlePaddle)이라는 자체 딥러닝 프레임워크를 개발하여 중국어 환경에 최적화한 사례가 대표적이다.

다섯째, 데이터 주권 확보 기술이다. 데이터 암호화, 동형 암호 기술, 연합 학습(Federated Learning) 등 프라이버시 보존 기술이 포함된다. 특히 유럽 연합의 가이아엑스 프로젝트는 이러한 데이터 주권을 기술적으로 구현하려는 중요한 시도이다(CIRSD, 2023).

세계적 흐름 속 AI 기술 자립도의 균형점

AI 기술 자립도는 폐쇄적 자급자족이 아닌, 글로벌 혁신 생태계 속에서 자국의 전략적 위치를 확보하는 개념으로 이해해야 한다. 완전한 독립보다는 핵심 기술 영역에서의 자율성과 글로벌 협력 사이의 균형점을 찾는 것이 중요하다.

이러한 균형적 접근을 위해서는 먼저 "핵심 중의 핵심" 기술을 선별하여 자체 개발하는 전략적 선택이 필요하다. 모든 기술을 자체 개발하는 것은 자원 낭비일 수 있으며, 특히 중소국의 경우 더욱 그러하다. 따라서 국가 안보와 산업 경쟁력에 가장 중요한 기술 영역을 선별하여 집중 투자하는 것이 효율적이다.

또한 글로벌 AI 거버넌스에 적극 참여하는 것도 중요하다. 국제 표준화 기구나 AI 윤리 논의에 목소리를 높임으로써, 기술 발전 방향에 자국의 이해를 반영할 수 있다. 유럽 연합의 AI법은 이러한 규범 주도권을 통해 기술적 열세를 만회하려는 대표적 사례다.

결국 AI 기술 자립도는 절대적 독립이 아닌, 상호의존적 세계 속에서 자국의 핵심 이익을 지킬 수 있는 수준의 자율성을 의미한다. 각국은 자국의 강점, 자원, 전략적 목표에 맞는 맞춤형 자립도 전략을 수립해야 하며, 이는 국가의 장기적 AI 경쟁력과 주권 확보의 토대가 될 것이다.

참고문헌

Anderson, W., et al.(2023). Scientists push government for $2bn supercomputing plan. InnovationAus. https://www.innovationaus.com/scientists-push-government-for-2bn-supercomputing-plan/

Sarah Kreps(2023). The global AI race: Will US innovation lead or lag? Brookings Institution, https://www.brookings.edu/articles/the-global-ai-race-will-us-innovation-lead-or-lag/

CEPA.(2023). Chips War 2025.
https://cepa.org/commentary/part-five-chips-war-2025/

Choi, S.(2025). Meeting of AI Computing Infrastructure Special Committee. *SemiWiki News.*
https://semiwiki.com/forum/index.php?threads/korea-to-secure-10-000-gpus-to-build-national-ai-computing-center.22111/

CIRSD.(2023). Europe's Quest for Technological Power.
https://www.cirsd.org/en/horizons/horizons-winter-issue-20/europes-quest-for-technological-power

KED Global.(2024). Rebellions-Sapeon Korea merger to challenge Nvidia's AI chip dominance.
https://www.kedglobal.com/mergers-acquisitions/newsView/ked202406120009

Kim, J. H., et al.(2023). South Korea's Nationwide Effort for AI Semiconductor Industry. *Communications of the ACM,* 66(8).
https://cacm.acm.org/research/south-koreas-nationwide-effort-for-ai-semiconductor-industry/

Korea Economic Institute.(2024). The Sovereign AI Debate and Prospects of "Korean" AI.
https://keia.org/the-peninsula/the-sovereign-ai-debate-and-prospects-of-korean-ai/

POLITICO Research.(2024). Sovereign AI Ecosystems: Navigating Global AI Infrastructure and Data Governance.
https://www.politico.eu/wp-content/uploads/2024/09/15/Sovereign-AI-Ecosystems.pdf

TechRepublic.(2023). Stanford Report: US Dominates Global AI

Rankings.
https://www.techrepublic.com/article/us-leads-global-ai-race/

Third Way.(2023). Open-Source AI is a National Security Imperative.
https://www.thirdway.org/report/open-source-ai-is-a-national-security-imperative

03
AI 인프라와 자원 주권

"모든 권력은 총구에서 나온다"는 마오쩌둥의 발언이 21세기에는 "모든 권력은 연산력에서 나온다"로 변모했다. AI 시대의 진정한 패권은 첨단 연산 인프라와 반도체 자원을 통제하는 국가에게 돌아간다. 이 새로운 디지털 권력 기반을 확보하기 위한 국가 간 경쟁이 치열하게 전개되고 있다.

AI와 난임 극복?

AI 인프라 주권의 전략적 중요성

AI 인프라 주권은 21세기 국가 경쟁력과 안보의 핵심 축으로 부상하였다. “AI 기술의 발전에는 엄청난 컴퓨팅 파워가 필요하다. GPU 성능이 100배 향상되면서 불가능했던 AI 모델이 현실이 되었다”라는 NVIDIA의 CEO 젠슨 황(Huang, 2023)의 말처럼, 인공지능 시대의 석유는 데이터가 아닌 연산력이 되었다. 강력한 연산력과 하드웨어 자원에 대한 통제력 없이는 AI 시대의 주도권을 확보할 수 없으며, 21세기 강대국이 되려면 컴퓨팅 주권을 확보해야 한다. 이는 단순한 기술적 우위를 넘어 국가의 전략적 자율성과 직결된다(POLITICO Research, 2024).

막대한 연산을 수행하는 슈퍼컴퓨터와 데이터 센터가 부족하면 첨단 AI 연구와 혁신이 제한되고, 외국 기업이나 정부에 의존해야 하는 취약점이 생긴다. 특히 생성형 AI와 같은 첨단 모델을 개발하고 운영하기 위해서는 수천 개의 GPU와 페타와트 규모의 전력이 필요하다. 국가 안보 관점에서는 군사적 응용, 사이버 방어, 첩보 분석 등에 필수적인 AI 역량이 외부 통제 아래 놓일 위험이 있다.

따라서 각국은 엑사스케일(Exascale) 슈퍼컴퓨팅 시설, 대규모 GPU 클러스터, 에너지 효율적인 데이터 센터 등 핵심 인프라를 자국 내에 구축하는 것이 시급하다. 호주 과학 아카데미도 "국가 전략으로 적어도 하나의 엑사스케일 시스템을 갖추는 것이 필수적"이라며, 이를 통해 미래 과학 기술 주권과 경쟁력을 지킬 수 있다고 강조하였다(Anderson et al., 2023). 특히 글로벌 AI 경쟁이 심화되는 현 시점에서, 자체 연산 인프라에 대한 투자는 더 이상 선택이 아닌 필수다.

AI 인프라 주권을 확보하기 위해서는 정부 주도의 체계적인 전략이 필요하다. 첫째, 국가 차원의 대규모 컴퓨팅 인프라 투자다. 미국이 '스타게이트 프로젝트'를 통해 5000억 달러 규모의 투자를 계획한 것처럼(Klein, 2025), 민간 역량만으로는 달성하기 어려운 규모의 국가적 투자가 요구된다. 한국 정부도 1만 개 이상의 고성능 GPU를 활용한 국가 AI 데이터 센터를 구축함으로써 이러한 흐름에 동참하고 있다(Choi, 2025).

둘째, 공공과 민간의 협력 모델을 구축해야 한다. 정부는 기초 인프라를 조성하고, 기업은 이를 활용한 혁신을 이끄는 상생 전략이 효과적이다. 한국의 경우 350억 달러 규모의 초대형 AI 데이터 센터 단지를 공공-민간 파트너십(PPP) 형태로 추진하는 것은 이러한 협력 모델의 좋은 사례다(Donnelly, 2025).

셋째, 인프라의 지속 가능성을 보장해야 한다. AI 연산은 엄청난 에너지를 소비하므로, 환경 영향을 최소화하고 장기적 운영이 가능한 설계가 중요하다. MIT 연구진은 AI 데이터 센터의 전력 소비가 2030년에는 전체 전력의 21%까지 치솟을 수 있다고 경고하였다(Gadepally, 2025). 따라서 저전력 칩 설계, 효율적 냉각 시스템, 재생 에너지원 활용 등 친환경 인프라 전략이 반드시 수반되어야 한다.

AI 반도체 자립의 핵심 과제

AI 인프라 주권의 또 다른 축은 반도체 자립이다. 현재 AI 연산에 필수적인 고성능 GPU 시장은 미국 엔비디아가 주도하고 있어, 대부분의 국가가 이에 의존하는 상황이다. 엔비디아의 AI 칩 독점은 거의 90%에 달하며, 이러한 의존성은 국가 안보와 경제적 자율성에 심각한 위협이 될 수 있다. 특히 미중 기술 경쟁이 심화되면서 반도체 수출 통제가 강화되고 있어, 핵심 칩에 대한 접근이 제한될 가능성도 있다.

따라서 AI 반도체 자립은 국가 전략의 최우선 과제가 되어야 한다. 한국 정부는 2030년까지 4500억 달러 규모의 민관 투자를 통해 시스템 반도체 강국으로 도약하겠다는 'K-반도체 전략'을 추진하고 있다(Kim et al., 2023). 이는 메모리 중심의 산업 구조를 다변화하고, 특히 AI 특화 칩 분야에서 경쟁력을 확보하기 위한 중대한 도전이다.

AI 반도체 자립을 위해서는 다음과 같은 구체적 전략이 필요하다. 첫째, 설계 역량 강화다. 반도체 설계는 제조보다 진입 장벽이 낮고, 특화된 AI 칩은 혁신적 아키텍처로 경쟁 우위를 확보할 수 있다. 한국의 사피온(SAPEON)과 리벨리온스(Rebellions) 같은 스타트업이 자체 AI 칩 설계에 성공한 사례는 고무적이다. 이들 기업은 특히 추론 영역에서 엔비디아 대비 2~3배 높은 전력 효율을 달성하고 있다.

둘째, 범용 GPU 의존도를 낮추기 위한 특화 칩 전략이다. 특정 AI 워크 로드에 최적화된 칩은 전력 효율이 높고 비용도 절감할 수 있어, 완전한 자립이 어려운 상황에서도 전략적 우위를 점할 수 있다. 의료 영상 분석, 자율 주행, 음성 인식 등 특화된 응용 분야에 집중함으로써 틈새시장을 공략하는 전략이 효과적일 수 있다.

셋째, 오픈 소스 하드웨어 아키텍처(RISC-V 등)를 활용해 독자 생태계를 구축하는 접근이다. 이는 라이선스

제약이 없어 국가 주도 개발에 적합하며, 글로벌 커뮤니티의 혁신을 활용할 수 있는 장점이 있다. 특히 신흥국들에게는 비용 효율적인 반도체 자립 전략이 될 수 있다.

AI 인프라 주권과 국제 협력의 균형

AI 인프라 주권을 추구하는 과정에서 국제 협력의 중요성도 간과해서는 안 된다. 유럽 연합이 유럽 고성능 컴퓨팅 공동 사업단(EuroHPC) 프로그램을 통해 회원국들이 공동으로 슈퍼컴퓨터를 구축하고 활용하는 모델은 주목할 만하다(Greenacre, 2024). 이처럼 완전한 자급자족보다는 신뢰할 수 있는 동맹국과의 협력을 통해 자원을 효율적으로 활용하고, 상호 보완적인 기술력을 결합하는 것이 현실적 대안이 될 수 있다.

유럽 연합의 '주피터' 슈퍼컴퓨터는 프랑스, 독일, 이탈리아 등 여러 국가가 공동으로 투자하고 기술을 공유하는 방식으로 구축되었다. 이는 단일 국가의 부담을 줄이면서도 세계적 수준의 컴퓨팅 인프라를 확보할 수 있는 모델이다. 특히 중소 국가들에게는 이러한 연합형 접근법이 더욱 중요하다.

동시에 국제 표준화에 적극 참여하여 자국의 이익을 반영하고, 글로벌 AI 인프라 생태계에서 영향력을 확보해야 한다. 이는 일방적인 기술 보호주의를 넘어, 글로벌 거버넌스에서 목소리를 높이는 전략적 접근이다. 또한 개발 도상국과의 협력을 통해 AI 인프라 격차를 해소하고, 자국 기술의 해외 진출을 도모하는 국제 공조도 병행해야 한다.

결국 AI 인프라와 자원 주권은 폐쇄적 자급자족이 아닌, 전략적 자율성과 국제 협력이 균형을 이루는 방향으로 추구되어야 한다. 이러한 균형감 있는 접근만이 지속가능한 AI 발전과 국가 경쟁력 강화로 이어질 수 있다. 각국은 자국의 역량과 여건에 맞는 주권 전략을 수립하되, 글로벌 협력의 가치도 함께 고려해야 할 것이다.

참고문헌

Anderson, W., et al.(2023). Scientists push government for $2bn supercomputing plan. InnovationAus. https://www.innovationaus.com/scientists-push-government-for-2bn-supercomputing-plan/

Choi, S.(2025). Meeting of AI Computing Infrastructure Special Committee. *SemiWiki News*. https://semiwiki.com/forum/index.php?threads/korea-to-secure-10-000-gpus-to-build-national-ai-computing-center.22111/

Donnelly, C.(2025). South Korea plots to become home to world's largest AI datacentre. *ComputerWeekly*.

https://www.computerweekly.com/news/366619270/South-Korea-plots-to-become-home-to-worlds-largest-AI-datacentre

Gadepally, V.(2025). AI has high data center energy costs but there are solutions. *MIT Sloan Management Review.* https://mitsloan.mit.edu/ideas-made-to-matter/ai-has-high-data-center-energy-costs-there-are-solutions

Greenacre, M.(2024). Europe on par with US as exascale supercomputer Jupiter nears completion. *Science|Business.* https://sciencebusiness.net/news/super-computers/europe-par-us-installation-its-first-exascale-supercomputer-nears-completion

Huang, J.(2023). Keynote Speech at GTC Conference 2023. NVIDIA.

Kim, J. H., et al.(2023). South Korea's Nationwide Effort for AI Semiconductor Industry. *Communications of the ACM*, 66(8). https://cacm.acm.org/research/south-koreas-nationwide-effort-for-ai-semiconductor-industry/

Klein, C.(2025). SAP CEO on U.S. Stargate Project and Europe's response. CNBC/NBC. https://www.nbcphiladelphia.com/news/business/money-report/sap-ceo-sounds-rallying-cry-for-europe-on-ai/4086355/

POLITICO Research.(2024). Sovereign AI Ecosystems: Navigating Global AI Infrastructure and Data Governance. https://www.politico.eu/wp-content/uploads/2024/09/15/Sovereign-AI-Ecosystems.pdf

04

데이터 주권과 AI 거버넌스

“지식은 힘이다”라는 베이컨의 격언은 21세기에 “데이터는 주권이다”로 진화했다. 국가들은 디지털 영토를 정의하고, 데이터 흐름을 통제하는 새로운 국경선을 그리고 있다. 이 무형의 자산을 누가 소유하고 통제하는가의 문제는 AI 시대 국가 경쟁력과 주권의 핵심 요소가 되었다.

AI와 사주?

데이터 주권의 개념과 필요성

데이터 주권(data sovereignty)이란 디지털 데이터가 해당 데이터가 생성되거나 저장되는 국가의 법률과 관할권에 귀속되어, 국가가 자국 내 데이터에 대한 통제권을 행사할 수 있다는 개념이다(Protiviti, 2022). 이는 한 국가가 영토 내에서 생성된 데이터의 소유권, 접근 및 이용을 자국의 법과 정책에 따라 규율할 수 있는 권리를 의미한다. 데이터 정책 연구소장 메리앤 프랭클린(2023)이 "데이터는 21세기의 새로운 석유가 아니라 새로운 영토다. 국가들이 어떻게 이 영토를 통치하고 관리하느냐가 디지털 시대의 국가 주권을 결정할 것이다"라고 언급한 것처럼, 데이터는 이제 물리적 국경을 넘어 새로운 형태의 주권 개념으로 자리잡고 있다.

데이터 주권이 강조되는 필요성에는 여러 측면이 있다. 첫째, 국가 안보와 정보 보호의 측면이다. 정부와 시민의 민감 정보가 국외로 유출되거나 외국 정부 · 기업에 의해 무분별하게 활용될 경우, 국가 안보에 위협이 될 수 있다는 우려가 있다(Cloudflare, 2023). 2013년 스노든 사건 이후, 유럽 연합을 비롯한 각국은 외국 정보기관의 광범위한 전자 정보 수집에 경각심을 가지면서 자국민 데이터 보호와 주권 확보를 강하게 요구하였다.

둘째, 경제적 · 산업적 가치 측면에서 데이터는 "귀중한 국가 자산이자 전략적 자원"으로 간주된다(EU Commission, 2020). 방대한 데이터 축적과 활용은 인공지능 등 디지털 경제 발전의 연료가 되므로, 국가들은 자국 내 데이터를 최대한 확보하고 활용하여 디지털 경제 주도권을 잡고자 한다. 중국 시진핑 주석은 "데이터를 통제하는 자가 주도권을 쥔다"고 언급한 바 있는데(Hinrich Foundation, 2021), 이는 데이터 확보가 곧 국가 경쟁력이라는 인식이 전 세계적으로 확산되고 있음을 보여 준다.

데이터 거버넌스 및 보호 전략

데이터 주권을 실현하고 데이터를 안전하게 활용하기 위해서는 효과적인 데이터 거버넌스(data governance) 체계가 필수적이다. 데이터 거버넌스란 데이터의 수집 · 저장 · 공유 · 활용에 관한 일련의 원칙, 정책, 법률, 기술 표준 및 관리 체계를 의미하며(Aaronson, 2024), 궁극적으로 데이터를 책임 있고 투명하며 안전하게 사용하는 것이 목표다. 특히 AI 시대에 방대한 데이터가 다양한 주체에 의해 활용됨에 따라, 데이터 거버넌스는 AI 거버넌스의 토대로 간주되고 있다.

데이터 국산화(data localization)는 중요한 데이터가 국외로 반출되지 않고 국내에 저장·처리되도록 법적으로 의무화하는 정책을 말한다(Protiviti, 2022). 이를 통해 외국 기업이나 제3국 정부의 접근을 제한하고, 국내에서 생성된 데이터를 국내 법 체계로 보호하며, 국내 산업이 데이터를 활용해 부가 가치를 창출하도록 유도할 수 있다. 러시아는 2015년부터 러시아 시민의 개인 정보를 러시아 내 서버에 저장하도록 요구하는 법을 시행했고, 중국은 2017년 「사이버보안법」과 2021년 「데이터보안법」 등을 통해 중요 데이터를 국외로 이전할 때 정부의 보안 평가를 받도록 하고 있다(Hinrich Foundation, 2021).

AI 학습용 데이터 거버넌스에는 일반적으로 다음과 같은 원칙들이 합의된다. 데이터 품질 및 무결성 측면에서 AI 모델을 학습시키는 데이터는 정확하고 신뢰할 수 있으며 편향이 최소화되어야 한다(Data Foundation, 2023). 프라이버시 및 데이터 권리 보호 측면에서 AI 학습 데이터에 개인 정보가 포함된 경우 반드시 적법한 수집과 동의를 바탕으로 해야 한다. 투명성 및 설명 책임 측면에서 AI 모델의 훈련 데이터에 관한 정보 공개와 기록 유지가 중요하다. 공정성 및 비차별 측면에서 데이터 구성의 다양성을 확보하고, 편향 요소를 사전에 인지 · 제거해야 한다.

공공 부문 데이터의 개방(open data)은 데이터 거버넌스에서 또 하나의 중요한 축이다. 정부가 보유한 방대한 행정 데이터와 공익 데이터는 민간에 개방될 경우 새로운 사회 · 경제적 가치를 창출할 잠재력이 크다. 이에 많은 국가들이 공공 데이터 개방 정책을 추진하여, 국민과 기업이 이러한 데이터를 활용해 혁신적인 서비스를 개발하거나 증거 기반 정책을 제안할 수 있도록 장려하고 있다.

국제 데이터 이동과 AI 주권

데이터 주권의 문제가 부각됨에 따라, 국가 간 데이터의 자유로운 이동과 이에 대한 규제가 국제적 쟁점으로 떠올랐다. 디지털 시대의 글로벌 경제는 데이터의 국경 간 흐름에 크게 의존하지만, 각국이 앞다투어 주권 수단으로 데이터 통제 정책을 펼치면서 규제의 단편화(fragmentation)가 심화되고 있다(CSIS, 2023).

국제 데이터 규제의 논의에서 자주 언급되는 두 가지 대표 사례는 유럽 연합의 일반 데이터 보호 규정(GDPR)과 미국의 「클라우드법(Clarifying Lawful Overseas Use of Data Act)」이다. 일반 데이터 보호 규정의 핵심 원칙 중 하나는 역외 적용(extraterritoriality)으로, 유럽 연합 거주자의 개인 정보를 다루는 경우 그 데이터가 어디에 저장되든 일반 데이터 보호 규정 수준의 보호를 받아야 한다는 것이다(GDPR Local, 2024). 반면 「클라우드법」은 미국 내에 서비스를 제공하는 기업은 설령 데이터가 해외에 있더라도 미국 수사 기관의 합법적 영장에 응해야 한다는 내용을 담고 있다(Rocket.Chat, 2023).

국가 간 데이터 협력에서 주목받는 원칙은 '신뢰를 통한 데이터 자유로운 이동(Data Free Flow with Trust, DFFT)' 개념이다. 2019년 G20 오사카 정상 회의에서 처음 제시된 DFFT는 '프라이버시, 보안, 지식재산 등 신뢰를 보장하면서 데이터의 국경 간 자유로운 흐름을 촉진한다'는 개념이다(CSIS, 2023). 이를 구현하기 위해 2022년 인도네시아 G20 의장국은 DFFT의 3대 기본 원칙으로 적법성(lawfulness), 공정성(fairness), 투명성(transparency)을 제안하였다(ERIA, 2022).

AI 주권의 관점에서 국가 간 데이터 협력의 의의는 중요하다. AI 주권을 위해서는 자국이 사용할 수 있는 풍부한 고품질 데이터를 확보하는 것이 핵심이지만, 동시에 글로벌 AI 발전 흐름에 참여하여 국제 협력을 통해 혜택을 얻는 것도 중요하다. 한 국가가 자국 데이터만 고집하여 고립된다면, 최신 AI 연구 동향이나 글로벌 AI 서비스에서 뒤처질 수 있다. 반면 국제 협력을 통해 다양한 데이터와 기술을 공유한다면, 자국의 AI 역량을 높이면서도 국제 규범 형성에 영향력을 행사할 수 있다.

결국 데이터 주권과 AI 거버넌스의 핵심은 국가 이익과 글로벌 협력 사이의 균형을 찾는 것이다. 자국의 데이터를 보호하고 통제하면서도, 혁신과 성장을 위한 국제 데이터 흐름을 유지하는 전략적 접근이 요구된다. 특히 AI 시대에는 이러한 균형이 더욱 중요해지며, 각국은 데이터 주권을 확립하되 고립을 피하는 방향으로 정책을 발전시켜 나가야 할 것이다.

참고문헌

Aaronson, S. A.(2021). Data Is Disruptive: How Data Sovereignty is Challenging Data Governance. Hinrich Foundation. https://www.wita.org/wp-content/uploads/2021/08/Data-is-disruptive-Hinrich-Foundation-white-paper-Susan-Aaronson-August-2021.pdf

Aaronson, S. A.(2024). Data Governance Is Not Ready for AI. Centre for International Governance Innovation. https://www.cigionline.org/articles/data-governance-is-not-ready-for-ai/

Cloudflare.(2023). Towards a global framework for cross-border data flows and privacy protection.
https://blog.cloudflare.com/towards-a-global-framework-for-cross-border-data-flows-and-privacy-protection/

CSIS.(2023). Operationalizing Data Free Flow with Trust (DFFT). Center for Strategic and International Studies Report.
https://www.csis.org/analysis/operationalizing-data-free-flow-trust-dfft

Data Foundation.(2023). Data Policy in the Age of AI: A guide to using Data for Artificial Intelligence.
https://datafoundation.org/news/ai/301/301-Data-Policy-in-the-Age-of-AI-A-guide-to-using-Data-for-Artificial-Intelligence

ERIA.(2022). Future of Data Governance in Asia and Operationalisation of 'Data Free Flow with Trust'.
https://www.eria.org/uploads/Data-Free-Flow-with-Trust.pdf

EU Commission.(2020). A European Strategy for Data. Brussels.
https://digital-strategy.ec.europa.eu/en/policies/strategy-data

GDPR Local.(2024). Cross-Border Data Transfers Post-GDPR: Challenges and Solutions.
https://gdprlocal.com/cross-border-data-transfers-post-gdpr/

Protiviti.(2022). How Data Sovereignty and Data Localisation Impact Your Privacy Programs.
https://www.protiviti.com/gl-en/insights-paper/how-data-sovereignty-and-localisation-impact-privacy-programs

Rocket.Chat.(2023). CLOUD Act: what is it, and how does it

affect cybersecurity?
https://www.rocket.chat/blog/cloud-act
World Economic Forum.(2025). What is digital sovereignty and how are countries approaching it?
https://www.weforum.org/stories/2025/01/europe-digital-sovereignty/

05
AI 표준화와 규범 형성

누가 규칙을 만드는가가 누가 게임에서 이기는가를 결정한다. AI 시대의 새로운 패권 경쟁은 전쟁터가 아닌 표준화 기구와 국제회의장에서 벌어지고 있다. 각국은 자국의 기술적 강점과 가치관을 국제 표준에 반영하기 위해 치열한 외교전을 펼치며, 이 무형의 규범 전쟁에서 승리하는 국가가 AI 시대의 진정한 승자가 될 것이다.

AI와 아이돌?

AI 표준화의 중요성과 글로벌 동향

인공지능 기술이 사회 전반에 급속히 도입됨에 따라 신뢰성, 안전성, 상호 운용성 확보와 윤리적 원칙 준수를 위한 표준화의 중요성이 커지고 있다. "표준은 제국이 그 영향력을 가장 확실하게 행사하는 방식이다"라는 로렌스 레식(Lawrence Lessig)의 말처럼, 기술 표준은 단순한 기술적 합의를 넘어 국가 간 패권과 가치를 투영하는 무대가 되었다. 표준화는 다양한 이해관계자 간 공통의 기준과 언어를 제공함으로써 기술 발전과 위험 관리의 균형을 맞추는 핵심 수단으로 작용한다(UNESCO, 2023).

유네스코 보고서에 따르면, 기술 표준은 조직들이 위험을 관리하고 공중의 신뢰를 구축하는 데 기여하며, 적합성 평가 등의 메커니즘을 통해 AI 시스템이 안전하고 윤리적이며 법규에 부합함을 입증하도록 돕는다(UNESCO, 2023). 이러한 표준은 자발적 권고안 형태로 개발되어 산업 전반에 모범 관행을 제시하고, 궁극적으로 각국의 정책과 규제 이행을 지원한다.

경제 협력 개발 기구(OECD)는 2019년 채택한 AI 권고에서 '상호 운용 가능하고 신뢰할 수 있는 AI'를 위해 다중 이해관계자 참여의 글로벌 기술 표준 개발을 촉진할 것을 각국에 권고하였다(OECD, 2019). 요컨대, AI 표준화는 AI 시스템의 안전하고 책임 있는 개발을 도모하고, 국경을 넘어 호환되는 생태계를 구축하는 데 필수적이라는 점에서 그 필요성이 세계적으로 인식되고 있다.

국제 표준화 기구들도 AI 관련 표준을 적극 추진하고 있다. 국제 표준화 기구(ISO)와 국제 전기 기술 위원회(IEC)가 공동으로 운영하는 제1 합동 기술 위원회(JTC 1)는 2018년에 인공지능 분과(SC 42)를 설립하여 AI 기술과 생태계 전반을 아우르는 국제 표준 개발에 나서고 있다(ISO/IEC JTC 1/SC 42, 2018). 인공지능 분과는 2018년 출범 이후 AI 용어와 개념 정의, 참조 아키텍처, 위험 관리, 신뢰성 및 편향 평가, 윤리 및 사회적 고려 사항 등에 관한 일련의 국제 표준을 발행해 왔으며, 이러한 기술 규격들은 유럽 연합의 AI 법안 시행 기반으로 활용되는 등 글로벌 규범 형성에 기여하고 있다.

AI 표준화를 위한 국가 전략

각국 정부는 자국의 AI 경쟁력을 강화하고 글로벌 규범 형성을 주도하기 위해 국가 차원의 표준화 전략을 추진하고 있다. 미국은 국립 표준 기술 연구소(NIST)를 중심으로 'AI 표준 개발과 국제 협력에 적극 참여'하여 글로벌 표준을 선도함으로써 미국 산업의 경쟁 우위 확보와 신뢰성 제고를 동시에 달성하겠다는 비전을 제시하였다(NIST, 2019). 이를 위해 미국은 연방 차원의 AI 표준 참여 지침을 마련하고, 국가 표준 전략을 통해 안전하고 보편적이며 상호 운용적인 기술을 촉진하는 규범 기반 접근을 강화하고 있다.

유럽 연합은 강력한 규제 프레임워크(AI법)를 마련하는 동시에, 이를 뒷받침할 조화 표준(harmonized standards; EU 법령의 필수 요건을 기술적으로 충족하도록 설계된 표준)을 개발하기 위해 유럽 표준화 기구(CEN-CENELEC)에 작업을 의뢰하였다(European Com- mission, 2024). 아울러, 유럽 연합은 위험 기반 접근에 부합하는 기술 기준을 마련하기 위해 ISO/IEC와의 협력을 추진하고 있으며, 이를 통해 EU의 엄격한 규제 요건을 국제 표준으로 확산시키는 것을 목표로 하고 있다.

중국 역시 정부 주도로 표준화 전략을 수립하여 세계 표준에 영향력을 행사하려 한다. 2021년 발표된 중국의 AI 표준화 전략은 2035년까지 국제 표준의 85%와 중국 표준을 정렬시키겠다는 목표를 내세우고 있는데, 이는 국내 표준을 국제 기준에 맞춘다는 긍정적 모습이면서도 동시에 국제 표준을 중국에 유리하게 재편하려는 움직임으로 비치고 있다(Rasser et al., 2021).

한국 또한 2023년 'AI 표준화 전략 로드 맵'을 수립하여 국제 표준 선점과 산업 경쟁력 강화를 추진하고 있다. 이 로드맵에 따르면, 정부는 초거대 AI의 신뢰성 확보를 위한 '생성형 AI 안전 평가 기준' 등 우선 국제 표준 제정을 가속화하고, '경량형 AI 모델', 'AI 성숙도 모델' 등 미래 시장에 필요한 핵심 기술 표준을 선제적으로 개발할 계획이다(BusinessKorea, 2023).

AI 규범 형성의 경쟁과 협력

AI를 둘러싼 글로벌 규범 형성에는 경쟁과 협력의 이중적 역학이 나타나고 있다. 한편으로, 패권 국가들은 AI 규범을 주도함으로써 미래 기술 질서에서 우위를 확보하고자 경쟁하고 있다. 유럽 연합은 '세계 최초의 포괄적 AI 규제'를 표방한 「AI법」을 통해 규범 선도자의 위치를 노리고 있으며, 이를 두고 'AI 규제 경쟁'이라는 표현이 나올 만큼 미국과 중국에 앞서 글로벌 기준을 마련하려는 움직임이 뚜렷하다(Timmers, 2023).

국제사회 차원에서는 협력을 통한 AI 규범 형성이 점차 중요해지고 있다. AI의 사회적 영향과 초국경적 특성 때문에 개별 국가의 규제만으로는 한계가 있다는 공감

대가 형성되어, 다자간 협력과 글로벌 거버넌스를 구축하려는 움직임이 활발하다. 특히 2019년 OECD가 채택한 AI 권고 원칙은 미국, 유럽 연합, 한국, 일본 등 50여 개 국가의 서명을 이끌어 내어 인간 중심의 공통 가치(인권, 투명성, 책임성 등)를 천명함으로써, 사실상의 글로벌 AI 윤리 규범의 토대를 마련했다(OECD, 2019).

2023년 10월 영국이 블레츨리 파크(Bletchley Park)에서 주최한 AI 안전 정상 회의에서는 미국, 유럽 연합, 중국 등 다양한 체제의 국가들이 한 자리에 모여 '안전하고 책임 있는 AI 개발'에 협력한다는 블레츨리 선언(Bletchley Declaration)에 합의하는 성과를 내기도 했다(Hogarth & Campbell, 2024). 이 선언은 고위험 AI에 대한 모니터링과 정보 공유, 기술적 안전 조치에 대한 공동 연구, 다자주의 포럼을 통한 지속 협의 등을 포함하며, 향후 국제 거버넌스 체계의 밑그림으로 평가받는다.

이처럼 AI 표준과 규범을 둘러싸고 경쟁국들 간 가치관과 이해의 충돌이 존재하지만, 동시에 글로벌 차원의 협력 필요성도 그 어느 때보다 높다. 민주주의 진영 국가는 자유, 인권, 투명성 등의 가치를 AI 규범에 반영하기 위해 연대하고 있으며(Rolland, 2023), 권위주의 국가들도 신뢰 확보와 혁신 촉진을 위해 일정 수준의 국제 공조에 나서고 있다.

결론적으로, AI 표준화와 규범 형성은 기술적 문제일 뿐 아니라 국제 정치적 사안으로 부상하고 있으며, 경쟁과 협력의 조화를 통해 모두가 신뢰할 수 있는 AI의 미래를 만들어가려는 노력이 지속되고 있다.

참고문헌

European Commission.(2024). Harmonised Standards for the European AI Act. AI Watch. https://ai-watch.ec.europa.eu/news/harmonised-standards-european-ai-act-2024-10-25_en

Hogarth, I. & Campbell, Z.(2024). From Competition to Cooperation: Can US-China Engagement Overcome Geopolitical Barriers in AI Governance? TechPolicy.Press. https://techpolicy.press/from-competition-to-cooperation-can-uschina-engagement-overcome-geopolitical-barriers-in-ai-governance

ISO/IEC JTC 1/SC 42.(2018). Artificial Intelligence. International Organization for Standardization. https://www.iso.org/committee/6794475.html

Jung, S. Y.(2023). South Korea Aims for Global AI Leadership with New Standardization Strategy. *BusinessKorea*. https://www.businesskorea.co.kr/news/articleView.html?idxno=223878

NIST.(2019). A Plan for Global Engagement on AI Standards. National Institute of Standards and Technology.

https://nvlpubs.nist.gov/nistpubs/ai/NIST.AI.100-5.pdf

OECD.(2019). AI principles. Organisation for Economic Co-operation and Development. https://www.oecd.org/en/topics/sub-issues/ai-principles.html

Rasser, M., et al.(2021). Three Takeaways From China's New Standards Strategy. Carnegie Endowment for International Peace. https://carnegieendowment.org/2021/10/28/three-takeaways-from-china-s-new-standards-strategy-pub-85678

Rolland, N.(2023). China and the great global AI governance divide. Lowy Institute. https://www.lowyinstitute.org/the-interpreter/china-great-global-ai-governance-divide

Timmers, P.(2023). The EU AI Act will have global impact, but a limited Brussels Effect. Brookings. https://www.brookings.edu/articles/the-eu-ai-act-will-have-global-impact-but-a-limited-brussels-effect

UNESCO.(2023). Enabling AI governance and innovation through standards. United Nations Educational, Scientific and Cultural Organization. https://www.unesco.org/en/articles/enabling-ai-governance-and-innovation-through-standards

06
AI 인재 양성과 두뇌 주권

인간의 지성은 세상에서 가장 강력한 무기다. 21세기 AI 시대에 이 무기를 소유한 사람들을 확보하기 위한 국가 간 경쟁이 치열하게 전개되고 있다. 한 국가의 미래를 결정하는 것은 영토나 자원의 크기가 아니라 인재의 질과 양이다. AI 두뇌 확보는 이제 국가 안보의 핵심 요소가 되었다.

AI와 야구?

AI 인재 경쟁과 두뇌 유출의 지정학

인공지능 기술이 국가 경쟁력의 핵심 요소로 부상하면서 AI 인재 확보는 단순한 고용 시장의 차원을 넘어 국가 안보와 주권의 문제로 인식되고 있다. "데이터는 21세기의 석유다"라는 표현처럼(The Economist, 2017), AI 인재는 희소성과 가치 측면에서 현대 사회의 핵심 자원으로, 첨단 기술 개발의 주체일 뿐 아니라 국가의 전략적 자산으로 간주된다(Lee, 2022). 한정된 우수 AI 인력을 두고 벌어지는 국가 간 경쟁은 21세기 패권 경쟁의 핵심 축으로 자리 잡았다.

글로벌 AI 인재 전쟁의 최전선에서 미국은 세계 최고 수준의 AI 연구자들이 모이는 주요 목적지로서, 최상위 AI 인재의 약 60%가 미국에 기반을 두고 있다(MacroPolo, 2023). 이는 미국의 우수한 대학, 민간 혁신기업, 풍부한 연구 자원 등이 작용한 결과다. 중국 역시 정부 주도의 적극적 인재 양성 정책을 통해 AI 인재 풀을 급속히 확대하고 있으며, 세계 상위권 AI 연구자의 47%를 배출하는 성과를 내고 있다(MacroPolo, 2023).

반면 유럽 연합은 다수의 석박사급 AI 전문 인력을 보유하고 있음에도 '두뇌 유출(brain drain)' 문제에 직면해 있다. 유럽의 여러 국가들은 국내 인재는 물론 해외에서 유치한 인재들까지 상당수를 미국 등에 빼앗기고 있으며, 일부 국가에서는 유출 인력이 유입보다 많은 순유출 현상까지 나타나고 있다(Interface Europe, 2023).

이러한 인재 경쟁은 학계와 산업계 사이에서도 치열하게 전개된다. 구글, 오픈AI, 엔비디아 등의 빅 테크 기업들은 막대한 자본과 연구 환경을 앞세워 전 세계의 뛰어난 AI 인재들을 끌어모으고 있다. 이 과정에서 많은 학계 연구자들이 더 나은 처우와 연구 자유를 찾아 산업계로 이동하는 현상이 두드러지며, 이는 결과적으로 공공 부문과 학계가 인재 확보에 어려움을 겪게 만든다(Vinuesa et al., 2021).

AI 인재 양성을 위한 교육 및 연구 환경 조성

AI 인재를 충분히 육성하는 것은 AI 강국으로 도약하기 위한 선결 조건이다. 이를 위해 각국은 교육 제도 개혁과 연구 환경 개선에 주력하고 있다. 대학과 연구 기관의 지원 강화가 첫 번째 전략으로, 세계 유수 대학들은 AI 관련 학과와 전공을 신설하거나 확대하고, AI 연구 센터를 설립하여 전문 인력 양성에 나서고 있다.

교육 과정의 개편과 산학 협력 또한 AI 인재 양성에 필수적이다. AI 기술은 빠르게 진화하기 때문에, 학제 간 융합 교육과 실무 경험이 뒷받침되는 커리큘럼이 요구된다. 대학에서는 컴퓨터 과학, 데이터 과학뿐 아니라 수학, 통계, 뇌 과학 등 연관 분야를 포괄하는 융합형 교육 과정을 도입하고, 산업계와의 협력을 통해 학생들이 실제 프로젝트에 참여하도록 장려한다(THE AI, 2023).

AI 고급 인재, 특히 박사급 연구자와 최고 수준의 엔지니어를 육성하기 위한 특별 프로그램도 중요하다. 미국 국립 과학 재단(NSF), 유럽 연합의 호라이즌(Horizon) 프로그램 등에서는 AI 분야 박사 과정 학생들에게 장학금과 연구비를 지원하고, 박사 후 연구원들이 독립적인 연구를 수행할 수 있도록 펀딩을 제공한다. 이러한 고급 인재 육성 정책의 목표는 단순히 학위 취득자 수를 늘리는 것이 아니라, 세계적인 수준의 연구 역량을 갖춘 리더급 인재를 배출하는 데 있다.

국가 차원의 AI 교육 및 연구 펀딩은 AI 인재 양성의 필수 요소다. AI 분야는 실험과 연구에 상당한 비용이 들기 때문에, 정부의 적극적인 R&D 예산 투입이 중요하다. 프랑스는 '인류를 위한 인공지능(AI for Humanity)' 전략의 일환으로 AI 연구소 설립과 인재 육성에 거액의 예산을 투입했고, 캐나다는 범캐나다 인공지능(Pan-Canadian AI) 전략을 통해 몬트리올, 토론토, 에드먼턴 등에 AI 연구 클러스터를 조성하면서 인재 육성을 지원하였다.

글로벌 AI 인재 유치 및 교류 전략

한 나라의 내부 인재만으로 AI 역량을 충족하기 어려울 때, 국외의 우수한 AI 인재를 유치하는 전략이 필요하다. 글로벌 인재를 자국으로 끌어들이기 위해서는 우선 이민 및 비자 정책의 개선이 핵심 수단이다. 영국의 글로벌 인재 비자(Global Talent Visa), 캐나다의 스타트업 비자 및 이민 우대 정책, 프랑스의 테크 비자(French Tech Visa) 등이 대표적이다.

실제로 최근 5년간 영국, 캐나다, 프랑스, 호주 등은 모두 첨단 기술 분야 인력을 끌어들이기 위한 주요 이민 제도 개혁을 시행해 왔으며, 이를 통해 AI 분야의 고급 인재들이 보다 쉽게 해당 국가에서 연구·창업·취업할 수 있는 길을 열어주고 있다(Zwetsloot et al., 2022).

해외 AI 연구자 유치를 위한 또 다른 전략으로, 연구 펀딩 및 장학금 지원이 활용된다. 영국은 '튜링 AI 펠로우십(Turing AI Fellowship)'을 통해 세계 각지의 뛰어난 AI 연구자들에게 거액의 연구비와 독자적 연구팀 구축을 지원하여 이들을 영국 대학으로 불러들이고 있다. 캐나다는 캐나다 고등 연구소(CIFAR)의 'AI 연구 석좌 프로그램'을 운영하여 캐나다를 선도적인 AI 연구 거점으로 만들었는데, 이 프로그램을 통해 억대의 연구 지원금을 약속하여 해외 인재를 교수나 연구소장으로 영입하고 있다.

글로벌 AI 연구 네트워크와 협력을 강화하는 것도 인재 유치에 도움이 되는 전략이다. 국제 공동 연구 허브를 구축하여 국내외 연구자들이 함께 모여 일할 수 있는 장을 마련함으로써, 자연스럽게 외국 인재들이 해당 허브에 참가하게 되어 국내 연구 생태계의 일부로 편입될 수 있다.

AI 인재의 지속적 성장과 활용 전략

AI 인재를 확보하는 것만큼이나 중요한 것이 이들이 지속적으로 성장하고 역량을 발휘할 수 있게 하는 일이다. 많은 나라들이 어렵게 키워낸 AI 전문 인력이 정체되지 않고 꾸준히 발전하도록 커리어 발전 경로와 연구 환경 개선에 힘쓰고 있다.

AI 인재들이 안정적인 연구 활동을 이어갈 수 있도록 지원 체계를 구축하는 것이 필요하다. 여기에는 충분한 연구 예산, 적절한 인센티브, 그리고 성과에 대한 정당한 보상이 포함된다. 계속 교육(Continuing Education)의 기회를 제공하여, 급변하는 AI 기술 트렌드에 뒤처지지 않도록 지원하는 것도 중요하다.

공공 및 민간 연구 기관과의 연계 강화는 AI 인재가 자신의 역량을 최대한 발휘하게 하는 효과적인 방안이다. 한 개인이 가진 지식과 기술은 협업과 적용을 통해 빛을 발한다. 이러한 인력 교류와 협업을 촉진하기 위해 일부 국가들은 겸직 허용 제도를 통해 우수 인재가 동시에 대학 교수이자 기업 연구원으로 활동할 수 있게 하고 있다.

AI 윤리 및 사회적 책임 교육 강화는 AI 인재들의 지속적인 성장에 필수적인 요소다. 기술적 역량만 뛰어난 인재보다, 윤리의식과 사회적 책임감을 갖춘 인재가 장기적으로 더 큰 가치를 창출한다. 이에 각국의 AI 교육 과정과 연구 기관에서는 AI 윤리 교육을 필수화하거나, 윤리적인 AI 개발을 위한 가이드라인을 제정하여 연구자들이 이를 준수하도록 독려하고 있다(Private AI, 2024).

마지막으로, AI 창업 지원 및 스타트업 육성 전략은 AI 인재의 역량을 실질적으로 경제와 산업의 성과로 연결하는 중요한 고리다. 뛰어난 AI 기술을 보유한 인재들이 혁신적인 스타트업을 창업하여 새로운 서비스를 만들고 일자리를 창출하도록 유도하는 것은 국가 경쟁력 측면에서 이득이다. AI 분야 스타트업은 자국의 AI 인재들이 주도권을 잡고 혁신을 일으킬 수 있는 무대이므로, 이를 활성화하는 것은 두뇌 유출을 막는 방파제 역할도 한다.

AI 인재의 양성, 유치, 활용, 유지는 하나로 이어진 전략 사슬이라고 할 수 있다. 어느 한 고리라도 부족하면 인재를 둘러싼 국가 경쟁력에 빈틈이 생긴다. 글로벌 경쟁 시대에 AI 인재는 단순히 한 기업이나 기관의 인력이 아니라 국가의 미래를 좌우할 자산이며, 이들을 어떻게 길러 내고 붙잡아 두느냐에 AI 주권의 향방이 달려 있다.

참고문헌

Lee, K. F.(2022). *AI Superpowers: China, Silicon Valley, and the New World Order*. Houghton Mifflin Harcourt.

MacroPolo.(2023). The Global AI Talent Tracker 2.0. https://macropolo.org/interactive/digital-projects/the-global-ai-talent-tracker/

Private AI.(2024). Comparing Generative AI Approaches in Japan and China. https://private-ai.com/en/2024/06/14/generative-ai-japan-china-comparison/

THE AI.(2023). 대한민국 AI 경쟁력 1등 '인재 양성'…"지속적 투자 뒷받침돼야". https://www.newstheai.com/news/articleView.html?idxno=5378

The Economist.(2017). The World'S Most Valuable Resource Is No Longer Oil, But Data. *The Economist,* May 6, 2017.

Vinuesa, R., et al.(2021). A Socio-Technical Framework For Digital Ethics: Evaluation Of The Ai Ethics Impact Assessment. *Philosophy & Technology*, 34, pp.1-24.

Zwetsloot, R., et al.(2022). Immigration Policy and the Global Competition for AI Talent. Center for Security and Emerging Technology. https://cset.georgetown.edu/publication/immigration-policy-and-the-global-competition-for-ai-talent/

07
AI 공공재와 디지털 공공성

권력은 총에서 나오는 것이 아니라 알고리즘에서 나온다. 현대 사회에서 AI 기술은 막강한 영향력을 행사하지만 그 혜택은 불균등하게 분배되고 있다. AI 기술이 소수 기업과 국가에 독점되는 현실 속에서, 이 강력한 도구를 어떻게 공공재로 재정의하고 민주화할 것인가에 대한 시대적 질문이 제기되고 있다.

AI와 운동주?

AI 공공재의 개념과 의의

인공지능은 미래 사회의 핵심 기반 기술로 자리 잡으며 공공재로서의 성격에 대한 논의를 촉발하고 있다. "기술에 대한 접근은 21세기의 시민권이다. 지금까지 역사에서 필수 자원을 통제한 자가 권력을 쥐었듯이, AI가 누구의 손에 맡겨지느냐는 질문은 우리 사회의 미래를 결정할 것이다"라는 유럽 디지털 전환 위원회의 마르타 가브리엘(Marta Gabriel)의 언급은 AI 기술의 분배 문제가 단순한 경제적 문제를 넘어 사회적, 정치적 의미를 가짐을 보여 준다.

공공재(public goods)란 경제학적으로 비배제성(non-excludability)과 비경합성(non-rivalry)을 특징으로 하는 재화를 의미한다(Kaul et al., 2003). 비배제성은 특정 개인이 해당 재화의 사용으로부터 배제될 수 없음을, 비경합성은 한 사람의 소비가 타인의 소비 가능성을 감소시키지 않음을 의미한다. AI 모델과 알고리즘은 디지털 재화로서 복제와 배포가 가능하기에 본질적으로 비경합적 특성을 가진다. 그러나 현실에서는 대규모 AI 모델 개발에 필요한 막대한 자본과 컴퓨팅 자원, 데이터에 대한 접근성 차이로 인해 강한 배제성이 나타난다(Acemoglu, 2021).

AI 공공 재화(AI as public goods)란 AI 기술과 그 혜택이 특정 집단이나 국가에 독점되지 않고 사회 구성원 모두에게 공평하게 분배되는 상태를 지향한다. 이는 단순히 AI 기술의 개방이 아니라, 기술 접근성, 데이터 활용 기회, 개발 과정의 참여, 혜택의 공정한 분배를 포괄하는 개념이다(Floridi et al., 2020). AI 공공 재화 관점은 기술 발전의 결실이 사회 전체의 공동 자산으로서 관리되고 분배되어야 한다는 철학적 전제에 기반한다.

AI 공공 재화의 도전과 과제

AI를 진정한 공공재로 구현하는 데는 여러 도전 과제가 존재한다. 첫째, AI 기술 개발에 필요한 막대한 컴퓨팅 자원은 높은 진입 장벽을 형성한다. 최신 대규모 언어 모델의 학습에는 수백만 달러의 비용이 소요되어, 자본력 있는 기업만이 최첨단 AI 기술을 개발할 수 있는 상황이다(Bommasani et al., 2022). 이는 AI 기술의 소유 집중과 독점을 초래하며, 기술 격차를 심화시킨다.

둘째, AI 학습에 필요한 양질의 데이터에 대한 접근성 문제가 있다. 데이터는 AI 모델의 성능을 좌우하는 핵심 요소지만, 대량의 고품질 데이터는 소수 기업과 국가에 집중되어 있다. 데이터 불평등(data inequality)은 AI 기술 발전의 지역적, 사회적 불균형을 야기한다(Zuboff, 2019).

셋째, AI 기술의 편향과 차별 문제는 공공재로서의 가치를 훼손할 수 있다. 불완전한 데이터로 학습된 AI는 특정 집단에 불리한 결정을 내리거나 기존 사회적 차별을 강화할 위험이 있다. 이는 AI 시스템이 모든 사회 구성원에게 공정한 혜택을 제공해야 한다는 공공재적 이상과 충돌한다(Gebru et al., 2021).

넷째, AI 기술의 국제적 불균형 발전은 글로벌 디지털 격차를 심화시킬 수 있다. 선진국과 개발 도상국 간 AI 역량 차이는 경제적 불평등을 심화시키고, AI 기술의 혜택이 전 인류에게 고르게 분배되지 못하는 결과를 초래한다(Vinuesa et al., 2020).

AI 공공 재화 구현을 위한 전략

AI 공공 재화를 실현하기 위해서는 여러 전략적 접근이 필요하다. 먼저, 공공 주도의 개방형 AI 모델 개발과 배포가 중요하다. 공공 부문에서 개발된 AI 모델은 연구자, 기업, 시민 사회가 자유롭게 접근하고 활용할 수 있도록 오픈 소스 방식으로 제공될 수 있다. 예를 들어, 프랑스와 독일이 주도한 블룸(BLOOM) 모델은 유럽 공공 기관의 지원으로 개발된 개방형 대규모 언어 모델로, 상업적 모델에 대한 공공 대안을 제시하고 있다(BigScience, 2022).

둘째, 공공 데이터 인프라 구축이 필요하다. 공공 부문이 보유한 데이터를 표준화된 형태로 개방하고, 시민과 연구자들이 이를 활용할 수 있는 플랫폼을 마련해야 한다. 이는 AI 학습을 위한 데이터 접근성을 높이고, 다양한 주체들이 AI 개발에 참여할 수 있는 기회를 제공한다(Vaccaro et al., 2021).

셋째, AI 공공 컴퓨팅 인프라의 구축이 중요하다. 국가나 국제기구가 주도하여 AI 연구와 개발을 위한 컴퓨팅 자원을 제공함으로써, 자본력이 부족한 연구자, 중소기업, 시민 사회도 첨단 AI 기술에 참여할 수 있는 환경을 조성할 수 있다(Mazzucato, 2021).

넷째, 참여적 AI 거버넌스의 구축이 필요하다. AI 기술의 개발과 활용에 관한 의사 결정 과정에 다양한 이해관계자와 시민이 참여할 수 있도록 제도적 장치를 마련해야 한다. 이는 AI 공공재의 민주적 관리와 책임성을 보장하는 중요한 요소다(Crawford, 2021).

디지털 공공성과 AI 민주화

AI 공공 재화는 디지털 공공성(digital publicness)이라는 더 넓은 맥락에서 이해될 필요가 있다. 디지털 공공성이란 디지털 기술과 인프라가 공공의 이익을 위해 설계되고 운영되어야 한다는 원칙을 의미한다(van Dijck et al., 2018). 이는 단순히 기술의 접근성을 넘어, 기술 개발과 활용의 과정에서 공공 가치가 중심이 되어야 함을 강조한다.

AI 민주화(democratization of AI)는 기술적 접근성을 넘어 AI 기술의 개발과 활용에 관한 의사 결정 권한이 사회 구성원들에게 분산되어야 함을 의미한다. 이는 AI 기술의 영향을 받는 모든 이해관계자가 기술의 설계와 활용 방향에 의견을 제시하고 참여할 수 있어야 한다는 민주적 원칙에 기반한다(Whittaker et al., 2018).

디지털 공공성과 AI 민주화는 궁극적으로 AI 기술의 혜택이 모든 사회 구성원에게 공정하게 분배되고, 기술 발전이 사회 전체의 복지 향상에 기여하도록 보장하는 데 목적이 있다. 이를 위해 공공 부문, 시민 사회, 기업, 학계 등 다양한 주체들의 협력과 책임 공유가 필요하다.

AI 공공 재화와 디지털 공공성은 기술 발전의 결실이 사회 전체의 공동 자산으로 관리되고 분배되어야 한다는 원칙을 제시한다. AI 기술이 소수에게 독점되는 것이 아니라, 모든 사회 구성원이 그 혜택을 누릴 수 있도록 하는 것은 우리 사회의 중요한 과제다. 인공지능 시대에 기술의 발전이 모든 인류의 번영과 복지 향상에 기여하도록 하는 것이 AI 공공 재화와 디지털 공공성의 핵심 과제일 것이다.

참고문헌

Acemoglu, D.(2021). Harms of AI. *NBER Working Paper Series.* National Bureau of Economic Research.

BigScience.(2022). BLOOM: A 176B-Parameter Open-Access Multilingual Language Model. https://arxiv.org/abs/2211.05100

Bommasani, R., et al.(2022). On the opportunities and risks of foundation models. https://arxiv.org/abs/2108.07258

Crawford, K.(2021). *Atlas of AI: Power, Politics, and the Planetary Costs of Artificial Intelligence.* Yale University Press.

Floridi, L., et al.(2020). How To Design Ai For Social Good: Seven Essential Factors. *Science And Engineering Ethics,* 26(3), pp.1771-1796.

Gebru, T., et al.(2021). Datasheets for datasets. *Communications of the ACM,* 64(12), pp.86-92.

Kaul, I., Conceicao, et al.(2003). *Providing global public goods: Managing globalization.* Oxford University Press.

Mazzucato, M.(2021). *Mission Economy: A Moonshot Guide to*

Changing Capitalism. Harper Business.

Vaccaro, K., et al.(2021). "At the End of the Day Facebook Does What It Wants": How Users Experience Contesting Algorithmic Content Moderation. P*roceedings of the ACM on Human-Computer Interaction,* 4(CSCW2), pp.1-22.

van Dijck, J., et al.(2018). *The platform society: Public values in a connective world.* Oxford University Press.

Vinuesa, R., et al.(2020). The role of artificial intelligence in achieving the Sustainable Development Goals. *Nature communications,* 11(1), pp.1-10.

Whittaker, M., et al.(2018). *AI now report 2018.* AI Now Institute at New York University.

Zuboff, S.(2019). T*he age of surveillance capitalism: The fight for a human future at the new frontier of power.* Profile Books.

08
국가 AI 생태계 전략

혁신은 고립된 천재의 머릿속이 아니라 연결된 환경에서 탄생한다. AI 시대의 국가 경쟁력은 단일 기술이나 기업의 성공이 아닌 유기적으로 연결된 생태계의 건강성에 달려 있다. 개별 주체들의 역량보다 그들 간의 상호 작용과 균형이 더 중요한 시대에, 생태계적 사고는 국가 AI 전략의 새로운 패러다임이 되고 있다.

AI와 한의학?

AI 생태계의 균형적 구조와 중요성

인공지능이 국가 경쟁력의 핵심 동력으로 부상하면서, 단편적인 기술 개발을 넘어 유기적으로 연결된 AI 생태계 구축의 중요성이 커지고 있다. "가장 강한 종이 살아남는 것이 아니고, 가장 지적인 종이 살아남는 것도 아니다. 변화에 가장 잘 적응하는 종이 살아남는다"라는 찰스 다윈의 통찰은 AI 생태계에도 그대로 적용된다. AI 생태계란 스타트업, 대기업, 정부, 연구 기관, 교육 기관 등 다양한 주체들이 상호 작용하며 가치를 창출하는 복합적 네트워크를 의미한다. 건강한 AI 생태계는 특정 플레이어의 독점이 아닌 다양한 주체들의 균형 잡힌 참여와 협력을 통해 형성된다(Etzkowitz & Leydesdorff, 2000).

이러한 생태계적 접근의 핵심은 '트리플 헬릭스(Triple Helix)' 모델로 설명된다. 이 모델은 정부, 산업계, 학계 간 삼각 협력 구조를 강조하며, 각 주체가 자신의 고유 역할을 넘어 상호 교차적인 역할을 수행한다는 개념이다. 대학은 연구를 넘어 창업 인큐베이터 역할을, 기업은 생산 활동을 넘어 연구 개발을, 정부는 규제자를 넘어 투자자 역할을 수행한다(Etzkowitz & Leydesdorff, 2000).

네덜란드는 이러한 산학연 협력 모델을 성공적으로 구현한 사례로 꼽힌다. 산업계, 정부, 학계가 밀접하게 협력하는 전통을 통해 AI 혁신의 선도 허브로 자리매김하여 '트리플 헬릭스'의 균형 잡힌 생태계 구축에 성공했다는 평가를 받는다(World Economic Forum, 2023). 세계 경제 포럼(WEF) 또한 "학계, 민간 부문, 공공 부문 간의 협력이 공동의 발전을 위해 필요하다"고 강조하며, 이러한 협력적 접근법이 AI 개발과 활용의 모든 단계에서 필수적임을 역설한다(World Economic Forum, 2023).

스타트업과 대기업의 공생 생태계 구축

AI 생태계의 역동성을 유지하기 위해서는 스타트업의 혁신성과 대기업의 인프라 간 균형이 필수적이다. 스타트업은 혁신의 엔진 역할을 하지만, 자본과 데이터, 인프라 측면에서 대기업에 비해 열세에 놓이기 쉽다(Engine Advocacy, 2022). AI 기술 개발에는 방대한 데이터와 컴퓨팅 자원이 필요한데, 이러한 자원은 대부분 거대 기업들에 집중되어 있는 실정이다.

이러한 자원 격차를 해소하기 위해 공용 AI 인프라 구축이 중요하다. 미국의 국가 AI 연구 자원(NAIRR, National AI Research Resource) 구상은 연구자와 소규모 혁신가들에게 고성능 컴퓨팅 자원과 대규모 데이터셋, AI 도구를 제공하여 'AI 연구의 민주화'를 이루려는 노력이다(Brookings Institution, 2023). 이러한 국가 연구 인프라는 AI 개발 자원이 소수 거대 기업에만 독점되지 않고 생태계 전체에 공유되도록 한다.

대기업과 스타트업의 공생 관계 촉진도 중요한 전략이다. 대기업은 클라우드 컴퓨팅, AI 개발 툴킷, 오픈 소스 프레임워크 등을 제공하여 스타트업이 초기 구축 비용 부담 없이 혁신적인 아이디어 개발에 집중할 수 있도록 지원할 수 있다. 정부는 이러한 대-중소 협력을 유도하기 위해 세제 혜택이나 공동 연구 지원금을 제공함으로써 상호 윈윈하는 생태계를 조성할 수 있다.

혁신을 가속하면서도 책임 있는 AI 개발을 보장하기 위한 방안으로 규제 샌드박스가 주목받고 있다. 규제 샌드박스란 일정 기간 동안 제한된 환경에서 새로운 기술이나 서비스를 시험할 수 있도록 규제를 유예해 주는 프로그램이다(Nabil, 2023). 이를 통해 기업은 규제 부담 없이 혁신적인 AI 서비스를 실제 환경에서 테스트해 볼 수 있고, 감독 당국은 현장 실험을 모니터링하며 기술 동향과 위험 요소를 파악할 수 있다.

AI 인재 생태계 구축 전략

AI 생태계의 핵심 요소는 인재다. AI 시대에 걸맞은 인재를 육성하기 위해서는 교육 시스템의 혁신이 필수적이다. AI 기술은 컴퓨터 공학 지식뿐만 아니라 수학, 통계, 뇌 과학, 윤리 등 여러 분야의 융합을 요구하므로, 학제간 장벽을 허물고 융합형 교육 과정을 도입해야 한다.

캐나다는 2017년 세계 최초로 범국가 AI 전략을 수립하면서 AI 연구와 인재에 투자하는 프로그램을 발표했다 (Prime Minister of Canada, 2024). 이 전략을 통해 토론토의 벡터 연구소(Vector Institute), 몬트리올의 밀라 연구소(Mila, Montreal Institute for Learning Algorithms) 등 AI 연구 거점이 설립되었고, 세계적인 석학과 학생들을 유치하는 성과를 거두었다.

AI 두뇌 유출은 많은 국가들이 직면한 도전이다. 한 연구에 따르면 유럽 국가들은 국내 출신은 물론 해외 유입 인재마저 상당수를 미국으로 빼앗기고 있으며, 그 결과 유럽 기업들은 AI 인재 채용에 큰 어려움을 겪고 있다 (Interface Europe, 2023). 한국 역시 유사한 도전에 직면해 있어, AI 인재의 국내 유지와 글로벌 인재 유치를 위한 전략이 필요하다.

유럽이 이러한 문제의식으로 시작한 유럽 학습 및 지능형 시스템 연구소(ELLIS, European Laboratory for Learning and Intelligent Systems)는 주목할 만한 사례

다. 유럽 학습 및 지능형 시스템 연구소는 2019년에 약 2억 2000만 달러의 예산으로 유럽 17개 도시에서 AI 연구 조직을 설립하여, 최정상급 연구자들에게 빅 테크 기업에 필적하는 급여와 자율적인 연구 환경을 제공하는 프로그램이다(VentureBeat, 2019). 이를 통해 연구자들이 학계에 남아 있으면서도 기업급 대우를 받을 수 있게 하여, 인재 유출을 방지하고 유럽 내 AI 연구 역량을 강화하고 있다.

균형 잡힌 국가 AI 생태계 구축을 위한 종합 전략

균형 잡힌 AI 생태계 구축을 위해서는 다음과 같은 종합적 접근이 필요하다:

첫째, 정부, 기업, 연구 기관 간 트리플 헬릭스 협력 모델을 강화해야 한다. 정부는 기초 연구와 혁신적 아이디어에 대한 초기 투자를 담당하고, 연구 기관은 원천 기술 개발에 집중하며, 기업은 이를 상용화하는 선순환 구조를 확립해야 한다.

둘째, 스타트업과 대기업 간 상생의 생태계를 조성해야 한다. 공공 AI 인프라 제공, 규제 샌드박스 운영, 대기업과 중소기업 협력 프로그램 등을 통해 혁신의 다양성과 규모의 경제를 동시에 확보할 수 있다.

셋째, 인재 양성 및 유치를 위한 통합적 전략이 필요하다. 교육 시스템 혁신, 연구 환경 개선, 글로벌 인재 유치 프로그램, 국제 연구 네트워크 구축 등을 통해 두뇌 주권을 확보해야 한다.

넷째, 균형 잡힌 규제와 윤리적 프레임워크를 수립해야 한다. 혁신을 저해하지 않으면서도 AI의 안전하고 책임 있는 개발과 활용을 보장하는 규제 체계가 필요하다.

AI 생태계는 자연 생태계와 마찬가지로 다양성과 균형이 건강성의 핵심이다. 단일 플레이어의 독점이 아닌, 다양한 주체들의 상호 보완적 관계가 있어야 지속 가능한 혁신이 가능하다. 국가 AI 전략은 이러한 균형 잡힌 생태계를 조성하는 데 초점을 맞추어야 한다.

참고문헌

Brookings Institution.(2023). How the National Artificial Intelligence Research Resource can pilot inclusive AI. https://www.brookings.edu/articles/how-the-national-artificial-intelligence-research-resource-can-pilot-inclusive-ai/

Engine Advocacy.(2022). Startups and AI policy: how to mitigate risks, seize opportunities, and promote innovation. https://www.engine.is/news/category/startups-and-ai-policy-how-to-mitigate-risks-seize-opportunities-and-pro mote-innovation

Etzkowitz, H., & Leydesdorff, L.(2000). The dynamics of innovation: from National Systems and "Mode 2" to a Triple Helix of university – industry – government relations. *Research Policy*, 29(2), pp.109-123.

Interface Europe.(2023). Where is Europe's AI workforce coming from? https://www.interface-eu.org/publications/where-is-europes-ai-workforce-coming-from

Nabil, R.(2023). Regulatory sandboxes and innovation in artificial intelligence. https://saffron-clavichord-35cm.squarespace.com/s/Nabil-Final-for-PDF.pdf

Prime Minister of Canada.(2024). Securing Canada's AI advantage. https://www.pm.gc.ca/en/news/news-releases/2024/04/07/securing-canadas-ai

VentureBeat.(2019). ELLIS launches $220 million initiative to keep AI talent in Europe. https://venturebeat.com/ai/ellis-launches-220-million-initiative-to-keep-ai-talent-in-europe/

World Economic Forum.(2023). Breaking Down Barriers: Business, Academia and Government Collaborate on Generative AI Development. https://www.weforum.org/press/2023/05/breaking-down-barriers-business-academia-and-government-collaborate-on-generative-ai-development/

09
AI 주권과 사회적 가치

권력은 총에서 나오는 것이 아니라 알고리즘에서 나온다. 21세기의 새로운 현실에서 AI는 단순한 기술을 넘어 국가의 경제, 정치, 사회적 주권을 결정하는 핵심 요소가 되었다. 기술이 우리 삶의 방향을 결정하는 지금, AI를 누가 통제하고 어떤 가치를 담아낼 것인가에 관한 논의는 우리 사회의 미래를 규정할 것이다.

AI와 화장품?

기술은 우리를 어디로 데려가는가

기술은 단순한 도구가 아니다. 기술이 만들어지는 순간, 그것은 인간 사회의 방향을 결정하는 하나의 힘이 된다. 인쇄술이 등장했을 때 사람들은 단순히 글자를 더 쉽게 복제할 수 있게 되었다고 생각했지만, 실제로는 지식의 확산 방식과 권력의 구조 자체가 바뀌었다. 산업 혁명이 시작될 때도 마찬가지였다. 증기 기관과 기계는 단순한 노동의 대체가 아니라 경제 구조와 인간 삶의 방식 자체를 변화시켰다.

AI도 마찬가지다. AI는 단순한 소프트웨어가 아니다. AI가 인간의 의사 결정을 보완하거나 대체하는 순간, 그것은 경제, 정치, 사회의 중심축이 된다. AI가 경제를 지배하면 그것이 곧 경제 주권의 문제가 되고, AI가 정책 결정에 영향을 미치면 그것이 민주주의의 문제로 연결된다. 또한, AI가 인간의 가치 판단을 대신하게 되면 그것은 윤리적 책임과 사회적 신뢰의 문제가 된다.

AI 주권을 논할 때, 기술적인 자립만 이야기하는 것은 충분하지 않다. AI가 경제 구조를 어떻게 바꾸는지, 민주주의 사회에서 어떤 역할을 하는지, 그리고 인간이 신뢰할 수 있는 방식으로 설계될 수 있는지가 함께 논의되어야 한다.

AI와 경제 주권: 디지털 경제 시대의 AI 패권

과거 산업 사회에서는 자원과 생산 시설이 경제력을 결정했다. 그러나 디지털 시대에서는 데이터와 알고리즘이 경제적 주권을 결정하는 핵심 요소가 되었다(Bratton, 2016). AI는 단순한 자동화 도구를 넘어 경제의 핵심 시스템이 되고 있으며, AI를 확보한 국가와 확보하지 못한 국가 간의 격차는 점점 벌어지고 있다(Brynjolfsson & McAfee, 2014).

AI의 역할은 크게 세 가지로 나눌 수 있다. 첫째, 생산성 혁신이다. AI는 산업 전반에서 의사 결정을 최적화하고, 노동력을 대체하거나 보조하면서 경제적 효율성을 극대화한다. 둘째, 산업 구조 변화다. AI가 도입된 산업에서는 전통적인 노동력의 역할이 줄어들고, 새로운 직업과 기술이 등장하면서 경제 구조 자체가 변화한다. 셋째, 디지털 경제의 주권 문제다. AI 기술을 보유하지 못한 국가는 필연적으로 외부 기술에 의존하게 되며, 이는 경제적 독립성을 약화하는 요인이 된다(Zuboff, 2019).

AI는 기존 경제 질서를 변화시키고 있으며, AI 기술을 확보하는 것이 곧 경제적 자립과 직결된다. AI 기술이 없는 국가는 AI 기반의 서비스와 알고리즘을 해외에 의존해야 하고, 이는 경제 구조의 종속을 초래할 수 있다

(Mazzucato, 2018). 특히 AI는 데이터를 기반으로 작동하기 때문에, AI가 경제에서 차지하는 비중이 커질수록 데이터의 소유권과 접근성이 경제 주권의 중요한 요소가 된다(Bostrom & Yudkowsky, 2018).

경제적 자립을 위해서는 AI의 자체 개발뿐만 아니라 AI 연구 생태계를 형성하는 것이 필수적이다. 단순히 AI 모델을 확보하는 것이 아니라, AI를 활용할 수 있는 산업 환경과 연구 기반을 구축해야 한다. 이를 통해 AI가 경제 성장의 도구가 되는 것을 넘어, 지속 가능한 경제 시스템의 일부로 자리 잡아야 한다.

AI의 거버넌스와 민주주의: 기술 권력과 사회적 합의

AI는 단순한 기술이 아니라 정책 결정 과정에도 영향을 미친다. 행정 절차를 자동화하고, 공공 서비스의 효율성을 높이며, 데이터 기반 정책 결정을 가능하게 한다(Binns, 2018). 그러나 AI가 정책 결정 과정에서 중요한 역할을 하게 되면, 그것이 민주주의 원칙과 어떻게 조화를 이루어야 하는지에 대한 문제가 발생한다.

민주주의 사회에서는 정책 결정이 시민의 의견을 반영하는 과정이어야 한다. 그러나 AI가 정책을 설계하고 최적화하는 과정에서 시민의 개입이 배제될 경우, AI는 민주적 정당성을 위협하는 요소로 작용할 수 있다(Yeung, 2019). AI 기반의 행정 시스템은 효율성을 높일 수 있지만, 그 과정에서 투명성과 책임성이 보장되지 않는다면 시민의 권리와 자유를 침해할 가능성이 존재한다.

AI가 공공 정책에서 사용될 경우, 시민들은 AI가 어떻게 의사 결정을 내리는지 알 권리가 있다(Engler, 2020). AI가 정책을 최적화하는 과정이 이해할 수 없는 '블랙박스'가 된다면, 시민들은 정책 결정 과정에서 소외될 수밖에 없다. 따라서 AI의 의사 결정 과정은 설명할 수 있어야 하며, 시민들이 그 과정을 감시하고 의견을 반영할 수 있는 체계가 마련되어야 한다.

민주주의 사회에서 AI 거버넌스는 단순히 기술적 효율성만을 고려하는 것이 아니라, 시민 참여와 사회적 합의를 통한 정당성 확보가 중요하다. 이를 위해 AI 시스템의 개발과 도입 과정에서 다양한 이해관계자의 참여를 보장하고, 의사 결정의 투명성과 설명 책임성을 강화하는 제도적 장치가 필요하다.

AI와 사회적 가치: 윤리적 책임과 신뢰 형성

AI는 인간의 가치를 반영해야 한다. AI가 결정하는 내용이 공정해야 하며, 특정 계층이나 집단에게 불이익을 주어서는 안 된다(Nissenbaum, 2009). 그러나 현재의 AI 시스템은 종종 알고리즘 편향과 차별을 초래하며, 이는 AI에 대한 신뢰를 저해하는 주요 원인이 된다(O'Neil, 2016).

AI의 사회적 신뢰를 형성하기 위해서는 알고리즘의 편향을 최소화하는 기술적 접근과 함께, AI의 사용 방식에 대한 사회적 합의가 필요하다. AI가 인간의 삶을 보조하는 것이 아니라 지배하는 방식으로 작동한다면, 그것은 궁극적으로 사회적 갈등을 초래할 가능성이 높다. AI 기술은 공공의 이익을 위해 설계되어야 하며, 인간 중심의 가치를 반영하는 방식으로 발전해야 한다(Floridi & Taddeo, 2016).

AI에 대한 신뢰는 기술적 신뢰성만이 아닌 사회적 수용성에 기반한다. AI 시스템이 아무리 기술적으로 정교하더라도 사회적 가치와 합의된 윤리적 원칙을 벗어난다면, 그 기술은 사회에 온전히 수용되기 어렵다. 따라서 AI 개발과 활용의 모든 단계에서 인간의 존엄성, 자율성, 공정성 등의 가치를 중심에 두는 접근이 필요하다.

AI 시대에는 기술적 주권과 함께 가치적 주권도 중요하다. 각 사회가 어떤 가치를 중요시하는지, 어떤 윤리적 원칙에 따라 기술을 개발하고 활용할 것인지에 대한 자기 결정권이 보장되어야 한다. 이는 단순히 기술 도입의 문제가 아니라, 사회의 미래 방향을 결정하는 근본적인 질문이다.

AI 주권과 사회적 가치의 조화는 기술 발전의 지속 가능성을 보장하는 필수 요소다. 기술적 우위만을 추구하는 AI 개발은 결국 사회적 신뢰를 잃고 지속되기 어렵다. 인간 중심의 가치를 담은 AI 기술을 자주적으로 개발하고 활용할 수 있는 능력이 진정한 의미의 AI 주권이며, 이는 우리 사회의 미래를 결정하는 핵심 요소가 될 것이다.

참고문헌

Binns, R.(2018). Algorithmic Accountability and Public Reason. Philosophy & Technology.

Bostrom, N., & Yudkowsky, E.(2018). The Ethics of Artificial Intelligence. MIRI. https://intelligence.org/files/EthicsofAI.pdf

Bratton, B.(2016). *The Stack: On Software and Sovereignty.* MIT Press.

Brynjolfsson, E., & McAfee, A.(2014). *The Second Machine Age.*

Norton & Company.
Engler, A.(2020). The Case for AI Transparency Requirements. Brookings.
https://www.brookings.edu/articles/the-case-for-ai-transparency-requirements/
Floridi, L., & Taddeo, M.(2016). What is data ethics? Philosophical Transactions of the Royal Society A. The Royal Society.
https://royalsocietypublishing.org/doi/10.1098/rsta.2016.0360
Mazzucato, M.(2018). *The Value of Everything.* PublicAffairs.
Nissenbaum, H.(2009). *Privacy in Context.* Stanford University Press.
O'Neil, C.(2016). *Weapons of Math Destruction.* Crown Books.
Yeung, K.(2019). *Algorithmic Regulation.* Oxford Academic.
Zuboff, S.(2019). *The Age of Surveillance Capitalism.* Profile Books.

10
글로벌 AI 협력과 동맹

"어떤 인간도 섬이 아니다." 존 던의 이 명언처럼, 어떤 국가도 AI 기술 개발에서 독자적으로 존재할 수 없다. 기술적 자립을 추구하는 동시에 글로벌 협력을 강화해야 하는 역설적 상황에서, 국가들은 전략적 동맹을 형성하고 공통의 규범을 수립하며 다중심적 협력 모델을 구축해 나가고 있다.

종교와 AI?

AI 국제 협력의 필연성과 주권의 역설

인공지능 기술은 본질적으로 초국가적 특성이 있다. "주권은 고립을 의미하지 않는다. 진정한 주권은 상호 의존적인 세계에서 영향력을 행사할 수 있는 능력이다"라는 조지프 나이(Joseph Nye)의 통찰은 AI 시대에 더욱 깊은 울림을 갖는다. AI 개발에 필요한 데이터, 알고리즘, 컴퓨팅 자원, 인적 자본은 어느 한 국가만의 경계 내에 존재할 수 없다. 글로벌 연구 네트워크를 통해 지식이 공유되고, 국경을 초월한 데이터 흐름을 통해 AI 모델이 개선된다(Floridi, 2020).

AI 주권과 국제 협력 사이에는 역설적 관계가 존재한다. 한 국가가 AI 주권을 강화하기 위해서는 오히려 적극적인 국제 협력에 참여해야 한다. 완전한 기술적 자립을 추구하는 폐쇄적 접근은 궁극적으로 해당 국가의 AI 역량을 제한할 수 있다. 브린욜프슨과 맥아피는 "특정 국가가 다른 국가와의 협력 없이 AI 기술을 독자적으로 발전시키는 것은 현실적으로 불가능하다"고 지적한다(Brynjolfsson & McAfee, 2014). AI 연구는 본질적으로 집단 지성에 의존하며, 다양한 데이터와 관점의 통합을 통해 발전한다.

AI 협력의 필요성은 의료, 기후 변화, 식량 안보와 같은 글로벌 도전 과제를 해결하는 데 있어 더욱 분명하게 드러난다. 이러한 문제들은 단일 국가의 노력만으로는 해결할 수 없으며, 국제적 데이터 공유와 공동 연구가 필수적이다. 예를 들어, 의료 AI는 다양한 인종과 지역의 데이터를 학습해야 편향성을 줄이고 정확도를 높일 수 있다(Zuboff, 2019). 국가별로 단절된 AI 개발은 중복 투자와 비효율을 초래할 뿐만 아니라, 특정 지역이나 집단에 대한 편향을 심화시킬 위험이 있다.

AI 외교 전략과 디지털 동맹의 형성

AI 주권을 유지하면서도 국제 협력을 강화하기 위해서는 전략적 AI 외교가 필요하다. AI 외교는 단순한 기술 협력을 넘어 국가 간 신뢰 구축, 규범 형성, 그리고 장기적 파트너십 구축을 목표로 한다. 조지프 나이(2021)는 "AI 기술이 국가 간 권력 관계를 재편하는 핵심 요소가 되면서, 외교 정책의 중심축으로 부상하고 있다"고 강조한다.

전략적 AI 외교의 핵심은 '디지털 동맹(digital alliance)' 구축에 있다. 디지털 동맹은 기술 표준, 데이터 공유, 연구 협력, 인재 교류 등을 포괄하는 다층적 협력 체계를 의미한다. 이러한 동맹은 단순한 경제적 이익을 넘어 공통의 가치와 원칙에 기반을 두어야 한다. 마리아나 마주카토(2018)는 "가치 기반 AI 동맹(value-based AI alliance)이 기술 헤게모니 경쟁의 새로운 형태가 될 것"이라고 전망한다.

디지털 동맹 형성에서 핵심적인 요소는 '전략적 상호 의존성(strategic interdependence)'의 구축이다. 이는 참여국들이 특정 AI 가치 사슬 영역에서 상호 보완적 역할을 담당함으로써, 독자적으로는 달성하기 어려운 경쟁력을 확보하는 방식이다. 예를 들어, 한 국가는 AI 칩 설계에, 다른 국가는 알고리즘 개발에 특화된 역량을 제공할 수 있다. 이러한 전략적 분업은 각국의 AI 주권을 존중하면서도 집단적 역량을 극대화하는 방안이 된다.

AI 외교는 기존의 지정학적 동맹과 새로운 기술 동맹 사이의 복잡한 상호 작용을 관리하는 과정이기도 하다. 전통적인 안보 동맹과 기술 협력 네트워크가 항상 일치하지 않기에, 국가들은 복잡한 외교적 균형을 유지해야 하는 상황에 놓인다. 이는 다양한 파트너십을 유연하게 관리하는 '네트워크 외교(network diplomacy)'의 중요성을 부각시킨다.

글로벌 AI 규범 형성과 윤리적 프레임워크

AI 국제 협력의 또 다른 중요한 축은 공통의 규범과 윤리적 프레임워크 구축이다. AI 기술이 국경을 초월하여 영향을 미치는 만큼, 그 개발과 활용에 관한 기본 원칙도 국제적 합의를 통해 형성되어야 한다. 유네스코(2021)는 'AI 윤리 권고안'을 통해 인권 존중, 다양성 보호, 프라이버시, 투명성 등을 AI 개발의 핵심 가치로 제시하였다.

글로벌 AI 규범 형성에 중요한 것은 '포용적 거버넌스(inclusive governance)' 모델이다. 이는 기술 선진국뿐만 아니라 개발 도상국, 시민 사회, 학계 등 다양한 이해관계자가 규범 형성 과정에 참여하는 것을 의미한다. 캐시 오닐(2016)은 "AI 규범이 소수의 기술 강국에 의해서만 주도될 경우, 글로벌 디지털 불평등을 심화시킬 위험이 있다"고 경고한다.

AI 데이터 공유와 국경 간 데이터 흐름에 관한 합의도 중요한 과제다. 국가별로 상이한 데이터 규제는 AI 개발의 지연과 격차를 초래할 수 있다. 헬렌 니센바움(2010)은 "프라이버시 보호와 데이터 활용 사이의 균형점을 국제적 차원에서 찾는 것이 AI 협력의 핵심 과제"라고 지적한다. 국가 간 신뢰를 바탕으로 한 '데이터 신뢰 공간(data trust space)'을 구축함으로써, 주권적 데이터 통제와 국제 협력을 조화시킬 수 있다.

글로벌 AI 규범은 단일한 국제 조약보다는 다양한 층위의 협약과 지침, 자발적 표준이 상호 연결된 복합적 체계로 발전하고 있다. 이는 AI 기술의 빠른 변화 속도와 다양한 국가·지역의 상이한 접근법을 수용하기 위한 유연한 거버넌스 모델이라 할 수 있다. 이러한 '적층적 거버넌스(layered governance)' 구조는 글로벌 규범과 지역·국가별 특수성 사이의 균형을 가능하게 한다.

소버린 AI를 위한 글로벌 협력의 미래

소버린 AI 시대의 글로벌 협력은 '다중심적 모델(polycentric model)'을 지향해야 한다. 이는 특정 국가나 기업이 AI 생태계를 지배하는 것이 아니라, 다양한 중심지가 상호 연결되고 영향을 주고받는 구조를 의미한다. 벤저민 브래튼(2015)은 "AI 기술의 속성상 단일 패권 모델은 지속 불가능하며, 다양한 주체들의 역할 분담과 협력이 필수적"이라고 강조한다.

다중심적 AI 협력의 핵심은 '상호 운용성(interoperability)'이다. 이는 서로 다른 국가와 기관의 AI 시스템이 호환되고 소통할 수 있는 기술적, 제도적 기반을 의미한다. 상호 운용성이 보장될 때, 각 국가는 자국의 AI 주권을 유지하면서도 글로벌 AI 생태계의 일원으로 참여할 수 있다.

소버린 AI와 글로벌 협력의 균형은 정적인 상태가 아닌 역동적 과정이다. 디지털 주권의 개념은 고정된 것이 아니라 기술 발전과 국제 관계의 변화에 따라 지속적으로 재정의된다. 미래의 AI 협력 체계는 경직된 블록 구조보다는 유연하고 적응적인 네트워크 형태로 발전할 가능성이 높다.

결론적으로, 소버린 AI와 글로벌 협력은 상호배타적 관계가 아닌 상호 보완적 관계다. 국가 AI 주권의 강화는 고립을 통해서가 아니라, 전략적이고 가치 지향적인 국제 협력을 통해 이루어질 수 있다. 디지털 동맹의 구축, 글로벌 규범 형성에의 참여, 그리고 상호 운용성 확보는 AI 시대에 국가의 영향력과 자율성을 확대하는 핵심 전략이 될 것이다.

참고문헌

Bratton, B.(2015). *The Stack: On Software and Sovereignty.* MIT Press.

Brynjolfsson, E., & McAfee, A.(2014). *The Second Machine Age: Work, Progress, and Prosperity in a Time of Brilliant Technologies.* W. W. Norton & Company.

Floridi, L.(2020). *The Ethics of Artificial Intelligence.* Oxford University Press.

Mazzucato, M.(2018). *The Value of Everything: Making and Taking in the Global Economy.* Allen Lane.

Nissenbaum, H.(2010). *Privacy in Context: Technology, Policy, and the Integrity of Social Life.* Stanford University Press.

Nye, J. S.(2021). *Do Morals Matter? Presidents and Foreign Policy from FDR to Trump.* Oxford University Press.

O'Neil, C.(2016). *Weapons of Math Destruction: How Big Data Increases Inequality and Threatens Democracy.* Crown.

UNESCO.(2021). Recommendation on the Ethics of Artificial Intelligence. UNESCO Digital Library.

Zuboff, S.(2019). *The Age of Surveillance Capitalism: The Fight for a Human Future at the New Frontier of Power.* Profile Books.

유지연

상명대학교 휴먼지능정보공학전공 교수다. 고려대학교에서 정보경영공학 박사 학위를 취득했으며, 정보통신정책연구원(KISDI)에서 부연구위원으로 활동했다. 디지털 기술과 사회의 접점에 대한 깊은 통찰력을 바탕으로 기술의 복합적 위험 구조를 분석하고 공학적 해법을 정책으로 연결하는 데 기여해 온 공학자다. 디지털 사회의 전략적 대응과 위험 관리를 25년간 연구해 왔으며, 최근에는 인공지능의 신뢰성과 국가적 차원의 안전성 확보에 주목하고 있다.

연구 경력 초기에는 정부 출연 연구기관에서 초연결 사회의 디지털 하이브리드 위험 패러다임에 관한 기술 전략을 수립하고 국가 미래 전략 시스템 연구를 주도했다. 이 과정에서 디지털 기술의 공학적 설계와 사회적 응용 간의 균형점을 찾아내며 혁신적인 접근법으로 주목받았다. 이후 학계로 진출하여 디지털 하이브리드 위험 관리 이론을 체계화했으며, 점차 인공지능 시스템의 기술적 신뢰성, 공급망 보안 강화를 위한 엔지니어링 프레임워크 연구로 영역을 확장했다.

한국인터넷윤리학회 회장으로 활동하며 다학제 간 협업을 통해 디지털 기술의 복합적 영향력을 다각도로 분석해 왔다. 그의 공학적 기여는 기술 정책 분야에 새로운 패러다임을 제시했다는 평가를 받고 있다. 저서로 『20개의 핵심 개념으로 읽는 디지털 기술 사회』(2022), 『디지털 사회 기본 가치』(2023) 등이 있으며, 국내외 학술지와 매체에 100편 이상의 연구 논문과

저술을 발표했다.